昆明统计年鉴

KUNMING STATISTICAL YEARBOOK

2005

昆明市统计局　编

中国统计出版社
China Statistics Press

（京）新登字041号

图书在版编目(CIP)数据

昆明统计年鉴.2005／昆明市统计局编.—北京:
中国统计出版社，2005.7
ISBN 7-5037-4667-X

I.昆… II.昆… III.统计资料－昆明市－2005
——年鉴 IV.C832.741-54

中国版本图书馆CIP数据核字(2005)第052373号

昆明统计年鉴—2005

作　　者／昆明市统计局
责任编辑／蔡启新
E—mail/yearbook@stats.gov.cn
责任校对／集体
封面设计／陈尧　谷建安
出版发行／中国统计出版社
通信地址／北京市西城区三里河月坛南街75号　中国统计出版社
邮　　编／100826
电　　话／(010) 63262295
印　　刷／云南·新华印刷厂
经　　销／新华书店
开　　本／880×1230毫米 1/16
字　　数／40万字
印　　张／16.625
印　　数／400册
版　　别／2005年8月第1版
版　　次／2005年8月第1次印刷
书　　号／ISBN 7-5037-4667-X/F·2067
定　　价／180.00 元

人　口（万人）

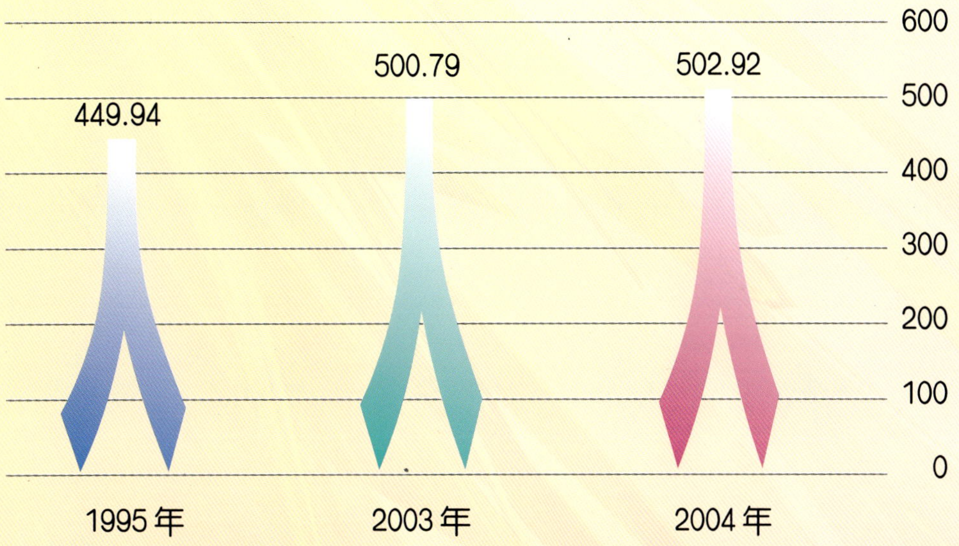

注：图列人口数据为户籍人口数，2000 年昆明市第五次人口普查总人口为 578.1 万人。

生产总值（亿元）

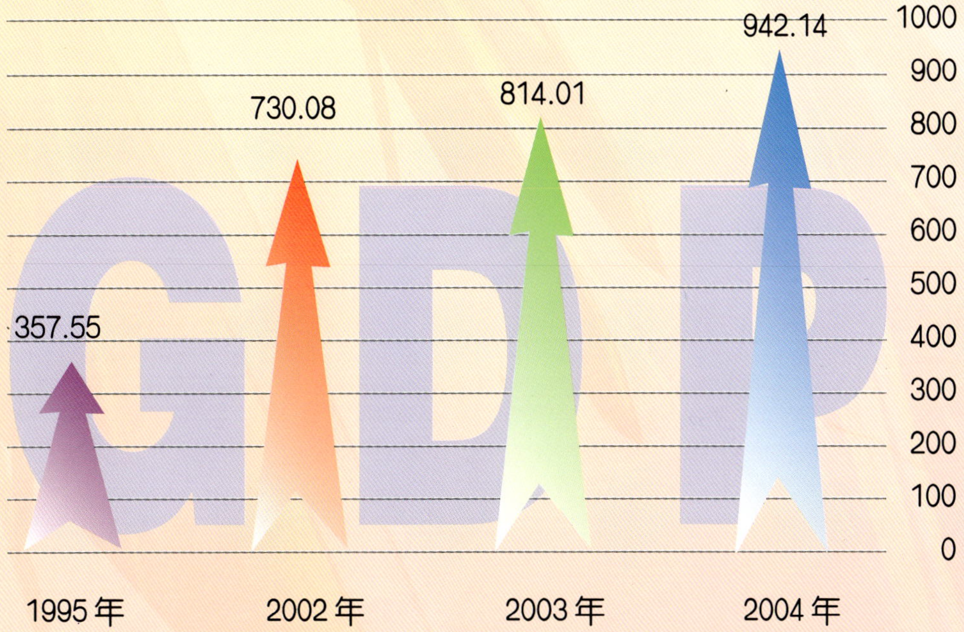

三次产业构成（%）

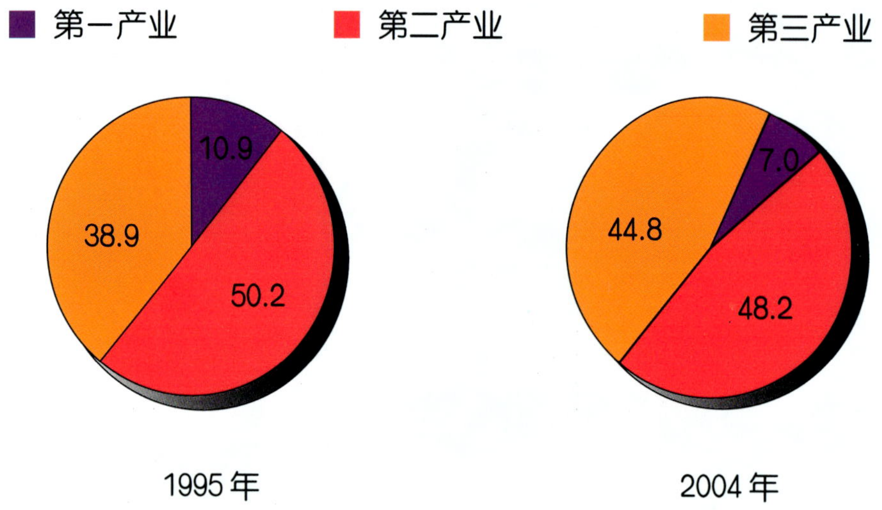

人均生产总值（元）

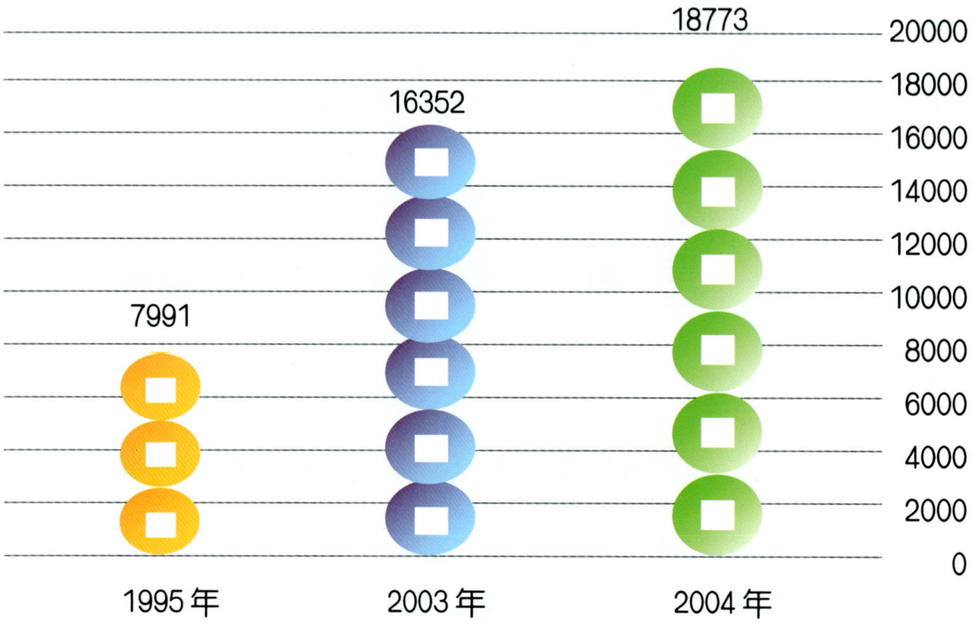

全部工业增加值（亿元）

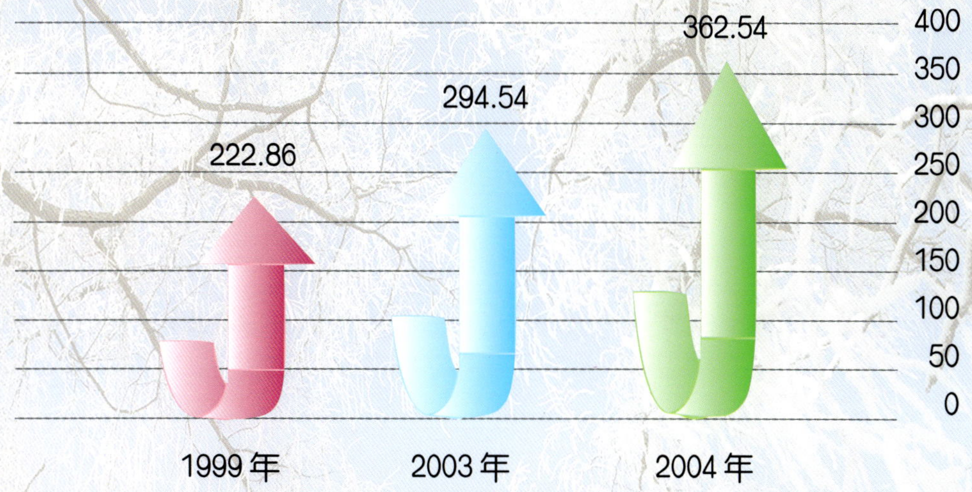

农林牧渔业总产值（亿元）

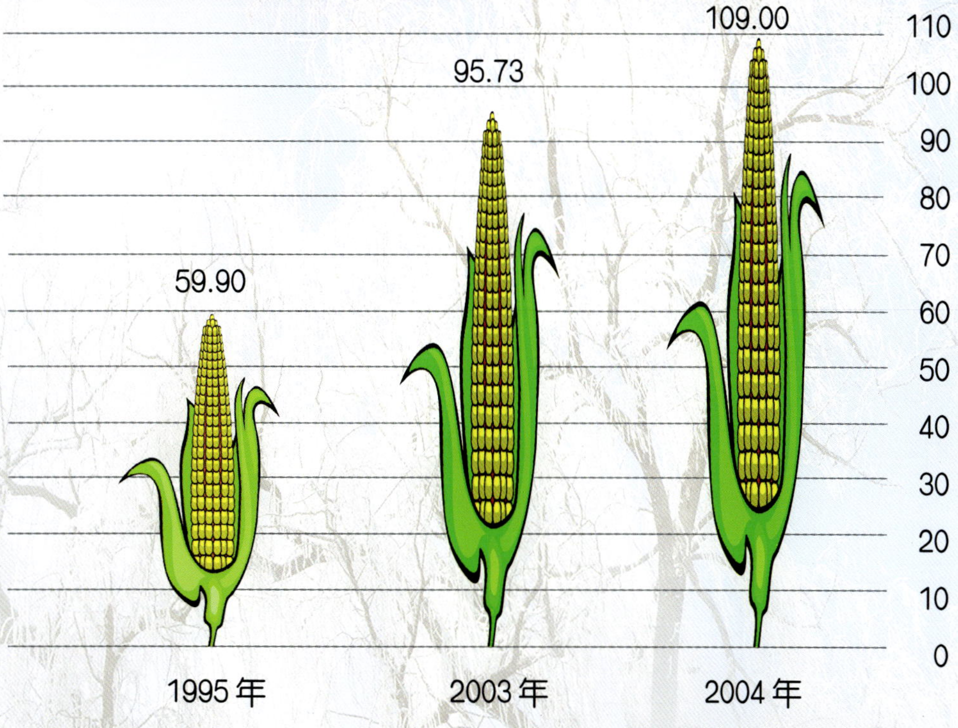

粮食总产量 （万吨）

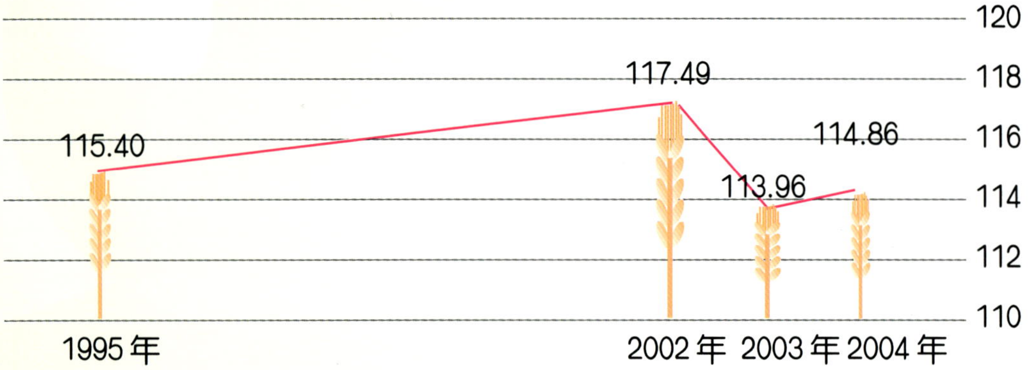

全社会固定资产投资（亿元）

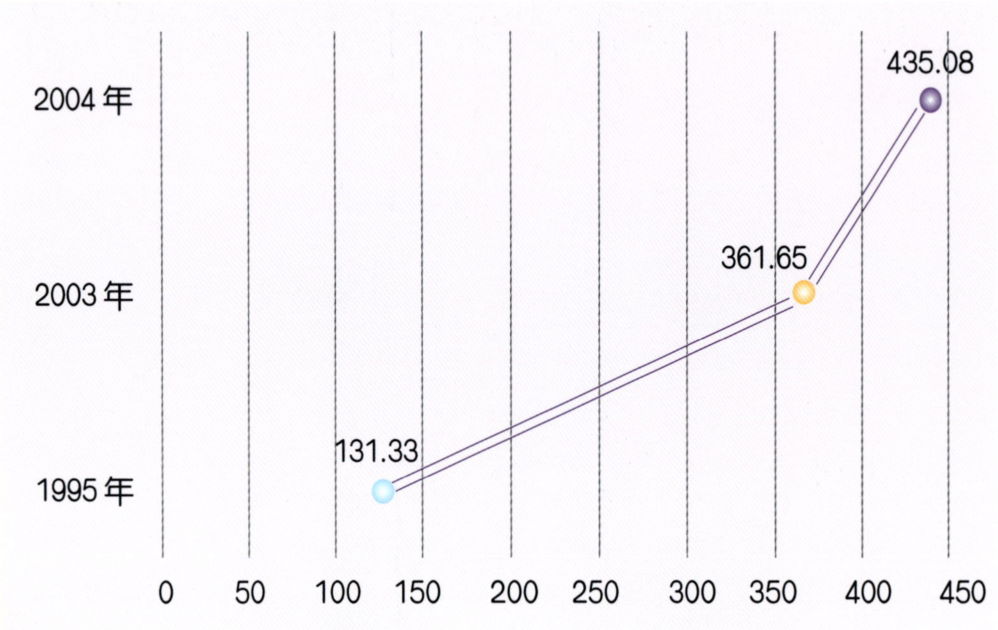

地方财政收入（亿元）

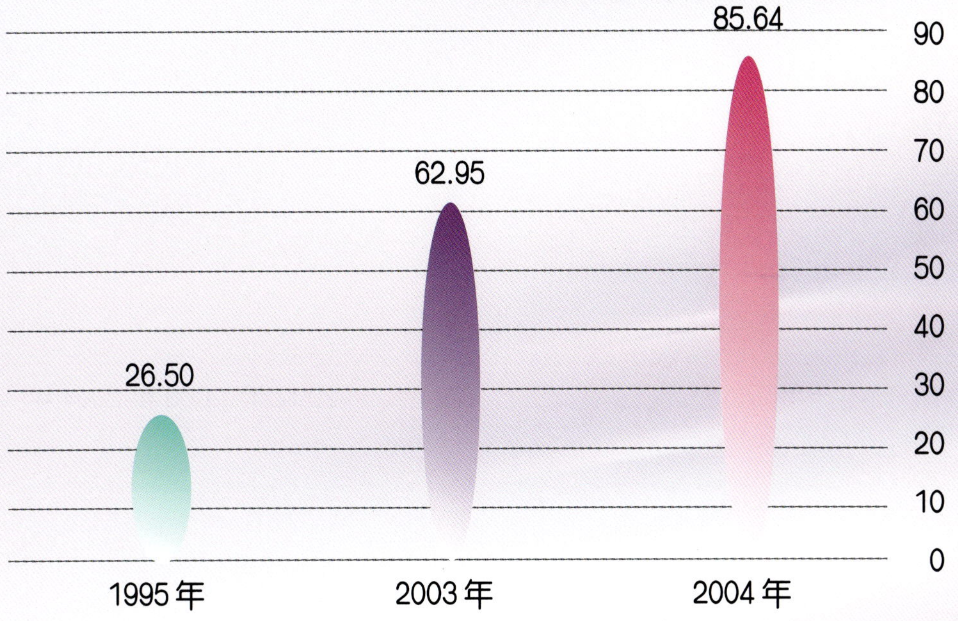

地方财政支出（亿元）

社会消费品零售总额（亿元）

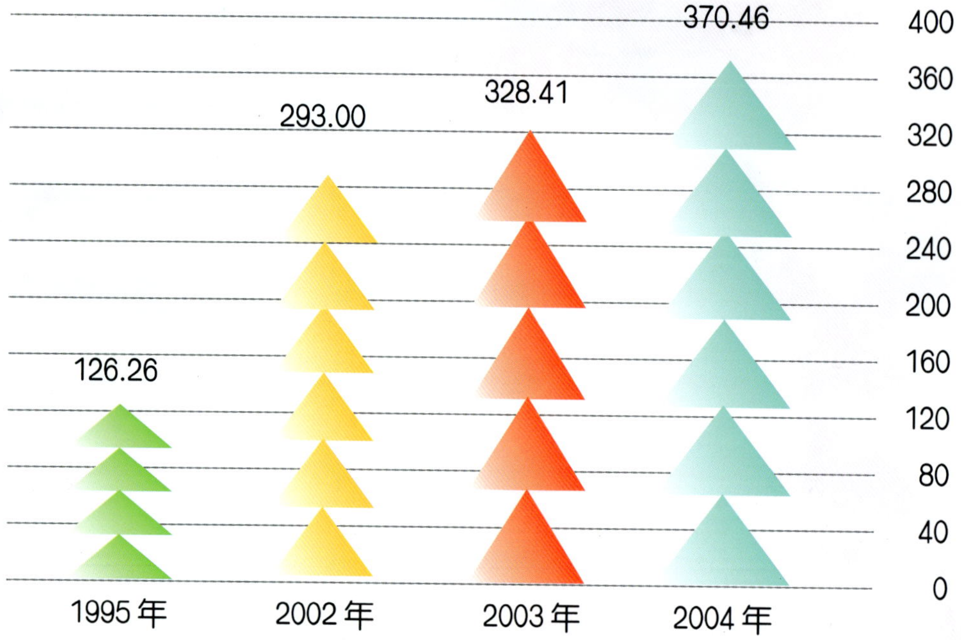

金融机构存款余额（亿元）

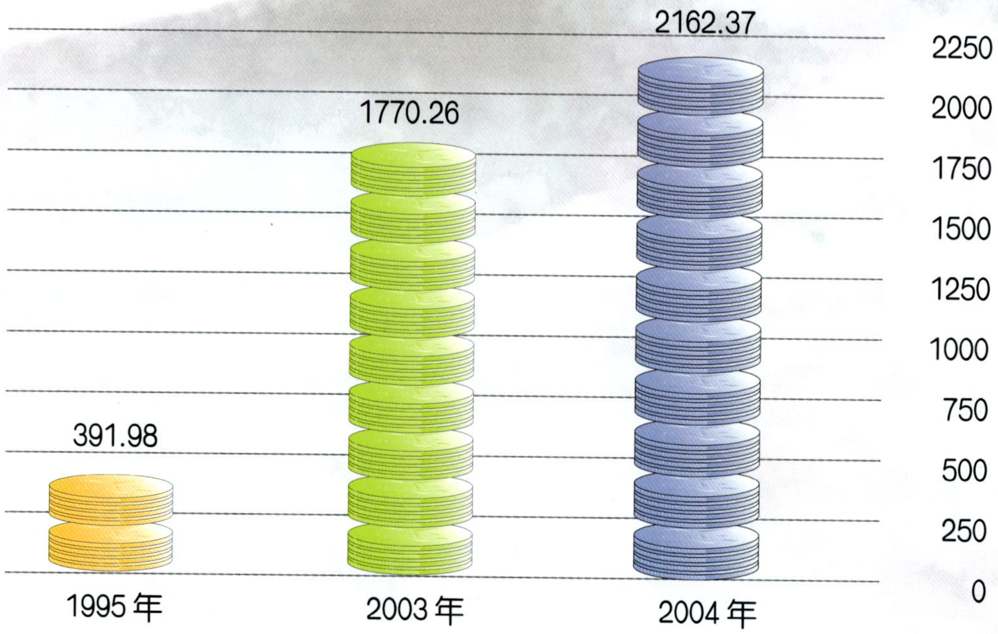

金融机构贷款余额（亿元）

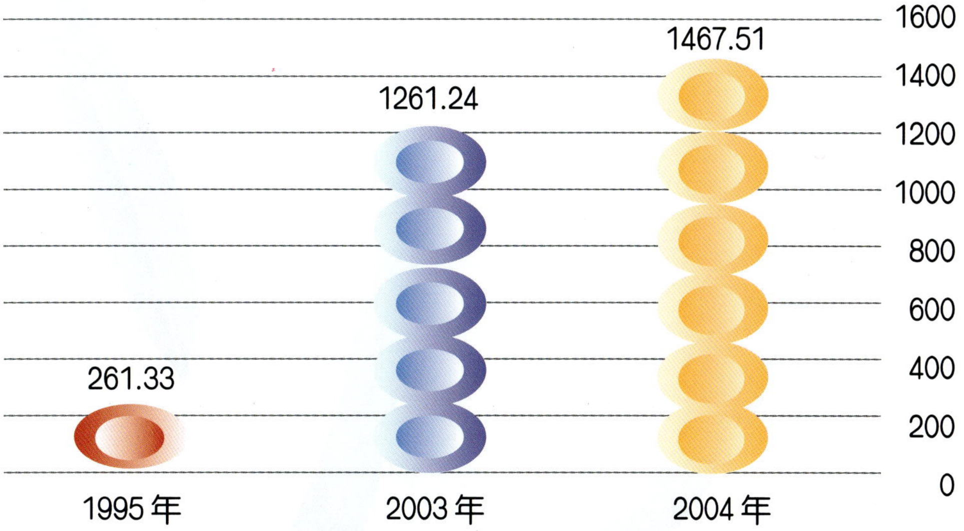

海关进出口贸易总额（万美元）

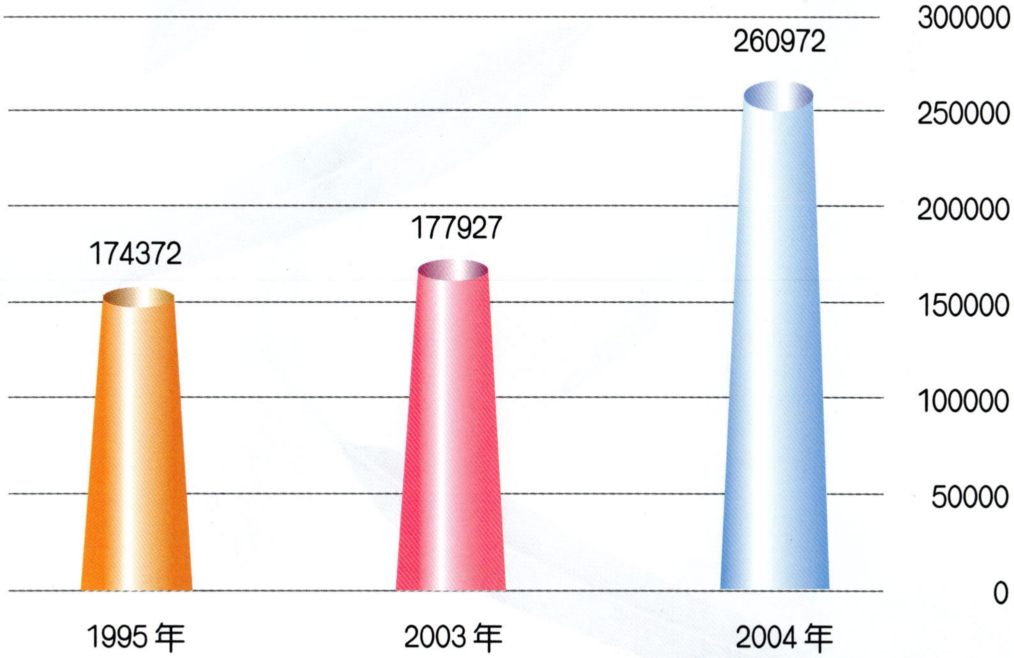

全部职工年平均工资（元）

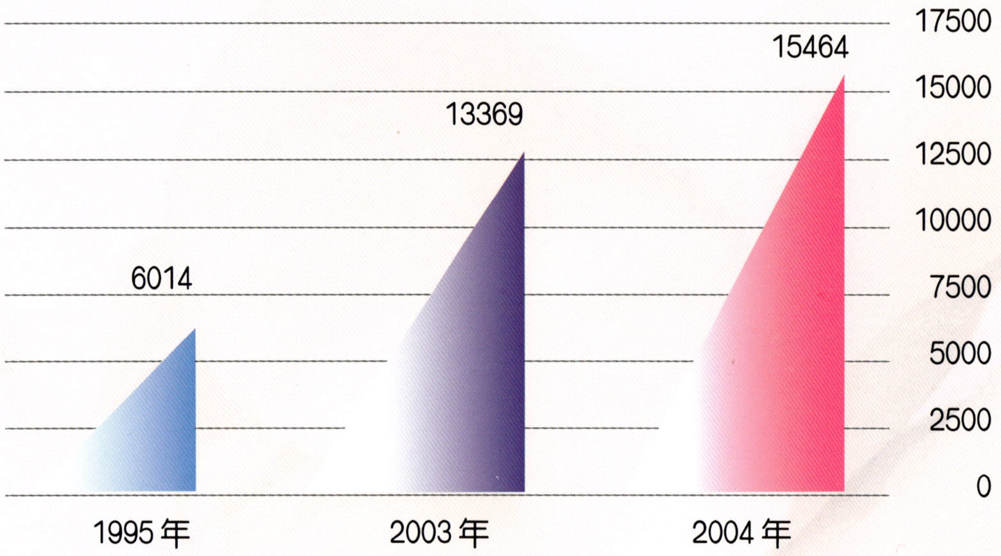

农民人均纯收入（元）

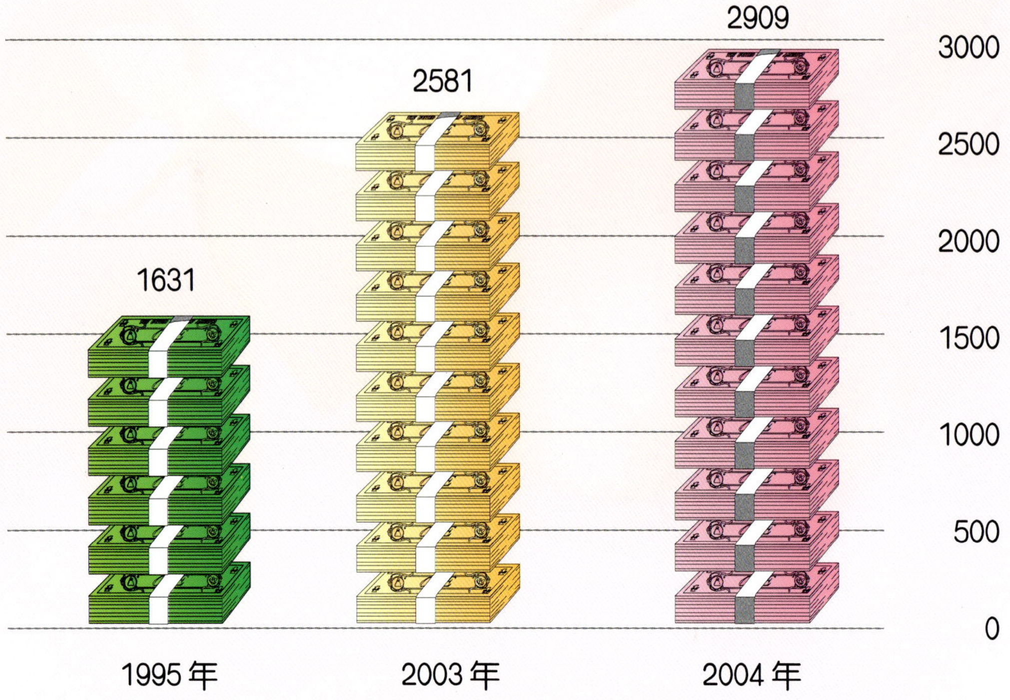

《昆明统计年鉴—2005》编辑委员会

《昆明统计年鉴——2005年》编辑部

总　　　编： 徐晓青

常务副总编： 吕　志

副　总　编： 李德炎　赵昆生　袁　勤　王云华　张茂华

执 行 主 编： 白雄文

责 任 编 辑： 陈　尧

编　　　辑： （按姓氏笔划顺序排名）

王　萍　王　葵　王济文　王瑞玲　毛一恒　史秀芬　付　京

刘永能　刘智辉　关学智　李艳红　李剑波　李启福　李宪华

李　苇　李　艳　李根连　汪申宁　宋瑾霞　张明珍　张洪刚

张　聪　陈　尧　尚　萍　周　宾　杨晓方　杨月萍　林　涛

胡　珉　侯汉华　郭桂云　黄海凤　禄少华　蒋朝晖　詹绍洪

资料提供、校对（按姓氏笔划顺序排名）

万朝霞　王嘉德　田兴高　付成云　朱　珠　吕自银　任　洁

刘国春　孙　丽　李玉梅　李胜利　李克武　李大章　李海红

李　萍　李建林　吴　疆　谷建安　何袁仙　宋　琳　汤　杰

余　芳　张　弥　张清芳　宗继凤　明洁菁　杨建伟　武海芳

柯　源　饶　冰　赵建宏　赵丽蓉　高　明　高　波　徐红云

徐　红　崔　鸣　谢　涛　蔡有芬　谭　红　熊和锴

资 料 审 核： 胡　珉　侯汉华　李根连　李剑波　宋瑾霞

编者说明

一、《昆明统计年鉴—2005》是一部全面反映昆明市国民经济和社会发展情况的资料性年刊，又是各级领导、专家、学者和经济工作者了解情况，研究决策，检查和编制计划，指导工作的宝贵资料。本书汇集了全市各县（市）、区2004年经济和社会发展各方面的统计数据，以及全市历年主要统计数据。

二、全书内容分为19个部分，即：1. 行政区划和气象；2. 综合；3. 人口；4. 从业人员和职工工资；5. 固定资产投资；6. 金融和财政；7. 物价；8. 人民生活；9. 农业；10. 工业；11. 能源消费；12. 交通和邮电；13. 建筑业；14. 国内贸易；15. 对外经济贸易、旅游；16. 开发区建设；17. 城市建设、环境保护；18. 教育、文化、体育、卫生和其他；19. 基本单位和企业监测、企业集团情况。另附：2004年昆明统计工作。有关部分有主要统计指标解释，对主要统计指标的含义、统计范围和统计方法作了简要说明。

三、本年鉴的资料来源，部分来自年度统计报表，部分来自年快报数。除第一、五部分外，五华、盘龙、官渡、西山区为区划调整前统计口径数据。由于条块统计分工关系，部分指标各县（市）、区数字相加不等于全市总计，在使用中请注意。由于统计制度仍处于改革过程中，因此，一些统计指标的统计口径范围还不尽统一、规范，本年鉴对有关数据作了相应的调整，并在有关统计表下作了解释。

四、度量衡单位均采用国家颁布的国际统一标准计量单位。

五、本年鉴中的符号使用说明：

“空格”表示无该项统计指标数据；

“#”表示其中的主要项。

六、本年鉴在编辑过程中，由于时间和水平关系，如有差错之处，热忱希望读者批评指正。为使本年鉴不断改进和完善，更好地满足社会各界的需要，希望广大读者提出宝贵的意见。

二〇〇五年八月

目　　录

七、物　　价

八、人民生活

九、农　　业

十、工　　业

十一、能源消费

十二、交通和邮电

十三、建筑业

十四、国内贸易

十五、对外经济贸易、旅游

十六、开发区建设

十七、城市建设、环境保护

十八、教育、文化、体育、卫生和其他

十九、基本单位和企业监测、企业集团情况

昆明市二〇〇四年国民经济和社会发展统计公报

昆明市统计局

2004年是全面推进昆明市建设小康社会的一年，全市人民在市委、市政府的领导下，坚持以邓小平理论和“三个代表”重要思想为指导，全面贯彻党的十六届三中、四中全会精神，认真落实省委、省政府制定的一系列方针政策，坚持把发展作为第一要务，进一步优化发展环境，大力调整经济结构，积极扩大投资规模，努力推进城市化进程。加快对外开放步伐，继续完善社会保障体系，积极扩大社会就业，有力地推动了经济和社会的协调发展。国民经济呈现出加速增长态势，各项社会事业全面进步，人民生活不断改善。

一、综合

2004年，昆明市国民经济增长快速，经济实力进一步增强。全年实现生产总值（GDP）942.14亿元，比上年增长12.0%。人均生产总值达18 744元，比上年增长10.9%。

三次产业格局呈现二三一特征。第一产业完成增加值66.31亿元，增长4.3%；第二产业完成增加值453.92亿元，增长14.6%；第三产业完成增加值421.91亿元，增长10.5%。一、二、三产业增加值比重为7.0:48.2:44.8。生产总值占全省的32%。

二、农业和农村经济

农村经济结构调整步伐积极稳妥，全市农村经济稳步发展。全年实现农业增加值66.31亿元，比上年增长4.3%。完成农林牧渔业总产值108.0亿元，比上年增长5.4%。

主要农产品产量如下：

	2004年	比上年增长±%
粮　　食	114.85万吨	0.8
#谷物	92.02万吨	1.5
油　　料	1.33万吨	-6.3
#油菜籽	1.11万吨	-6.7
烤　　烟	8.19万吨	3.7
蔬　　菜	167.34万吨	2.8
花　　卉	27.13亿枝	21.3
水　　果	9.21万吨	12.2

主要畜产品产量和牲畜存栏头数如下：

	2004年	比上年增长±%
肉类总产量	30.89万吨	6.7
#猪肉	24.13万吨	6.3
牛奶产量	7.87万吨	18.2
肉猪出栏数	283.91万头	4.8
家禽出栏数	2 356.80万只	-0.8

肉羊出栏数	50.85万只	12.0
猪年末存栏数	205.02万头	3.0
羊年末存栏数	109.11万只	8.9
大牲畜年末存栏数	72.88万头	5.1

全年完成造林面积10.29万亩，比上年减少67.3%；零星四旁植树949万株，比上年减少29.3%；新增育苗面积104公顷，减少27.3%；年末实有封山育林面积263.60万亩，增长12.6%。

三、工业和建筑业

工业主导作用继续增强。2004年，全市完成工业增加值362.54亿元，比上年增长14.8%。其中规模以上工业企业实现增加值277.58亿元，增长19.4%；实现销售收入745.21亿元，增长32.8%，实现利税168.9亿元，增长38.8%；产销衔接状况继续改善，产品销售率99.8%；综合经济效益指数达234.6%，比上年提高42.1个百分点。

主要工业产品产量如下：

	2004年	比上年增长±%
粗　钢	269.22万吨	13.1
钢　材	289.20万吨	18.7
十种有色金属	52.27万吨	23.1
水　泥	430.39万吨	11.8
平板玻璃	278.74万重量箱	-7.6
化肥（折纯量）	87.17万吨	12.2
卷　烟	661.34亿支	-1.0
煤　气	60.95亿立方米	11.4
自来水生产量	21 246万吨	-4.7

各项经济效益指标如下：

	2004年	比上年提高
总资产贡献率（%）	31.51	5.0个百分点
资本保值增值率（%）	115.47	7.4个百分点
流动资产周转率（次）	1.55	9.9%
成本费用利润率（%）	10.84	3.4个百分点
全员劳动生产率（元/人）	129 730	28.6%
产品销售率（%）	99.8	1.4个百分点
资产负债率（%）	57.1	-0.6个百分点

建筑业生产继续快速发展。全市建筑业总产值达到270.0亿元，比上年增长15.7%。实现增加值91.38亿元，比上年增长13.9%。

四、固定资产投资

全市固定资产投资规模继续扩大，尤其是房地产开发投资增长速度较高。全年全社会固定资产投资总额达435.0亿元，比上年增长20.3%。按管理渠道划分，基本建设投资145亿元，比上年增长6.7%；更新改造投资90亿元，增长12.6%；房地产开发投资94亿元，增长34.2%；其他投资36亿元；农村集体、农村私人、工矿区私人建房及个私经济投资70亿元。

五、交通运输和邮电通信业

交通运输仓储邮电业继续快速发展。2004年全市交通运输仓储邮电业完成增加值103.37亿元，比上年增长 9.8%。

六、国内贸易

2004 年，消费品市场呈现平稳运行态势。全年实现社会消费品零售总额 370.46 亿元，比上年增长 12.8%。按所有制结构看：公有制经济实现 55.57 亿元，占全市比重 15.0%；非公有制经济实现 314.89 亿元，占全市比重 85.0%，其中个体经济占全市比重 48.4%。随着消费升级，汽车、通讯产品、家居产品、金银珠宝等成为今年的消费热点。

七、对外经济贸易及旅游

2004 年，全市继续加大对外开放力度，不断完善政策措施，外向型经济继续发展，招商引资成果显著。全年新批外商投资企业 104 户，实际利用外资6 228万美元。

进出口贸易增势强劲。全年海关进出口贸易总额 26.15 亿美元，比上年增长 46.9%，其中出口 13.84 亿美元，增长 37.6%；进口 12.31 亿美元，增长 59.0%。

旅游业继续呈恢复性增长。全年共接待海内外游客1 757.09万人次，比上年增长 10.4%，其中国内游客1 707.76万人次，旅游收入 126.61 亿元，分别增长 10.2%，16.1%；海外游客 49.33 万人次，旅游外汇收入13 073万美元，分别增长 15.6%，15.4%。旅游总收入 137.50 亿元，增长 16.1%。

八、财政、金融

财政收入增长较快。全年财政总收入完成 184.93 亿元，比上年增长 36.8%。其中地方财政收入完成 85.64 亿元，比上年增长 36.1%；地方财政支出 104.84 亿元，比上年增长 29.8%。

金融运行总体平稳，金融业务扩大。2004 年末，金融机构存款余额2 162.37亿元，比年初增长 20.5%，其中：企业存款 960.14 亿元，储蓄存款 826.11 亿元，分别增长 29.9% 和 16.6%。金融机构贷款余额 1 467.51亿元，比年初增长 16.8%。

九、科技、教育、文化和卫生体育

科技进步与创新的先导和支撑作用进一步增强，全市积极推进技术创新体系建设，组织实施科技计划项目，一批科技成果得到推广应用。

各级各类教育全面发展。2004 年全市普通高等院校在校学生 14.1 万人，增长 3.7%；普通中等专业学校在校学生 8.7 万人，增长 4.8%；普通中学在校学生 25.55 万人，增长 3.4%；普通小学在校学生 45.85 万人，增长 7.3%。

文化产业发展实现较大突破，文化体制改革力度加大。成功举办首届昆明文化产业博览会，积极参与云南文化产业上海推介周活动。群众性文化活动丰富多彩。文化基础设施不断完善，市文化艺术生产基地建设主体工程完工。

医疗卫生工作得到加强。新型农村合作医疗试点工作积极推进，城镇医疗卫生体制改革取得新进展。

体育事业全面推进。全民健身、竞技体育蓬勃发展，市民健身意识进一步增强，社区健身设施得到改善。

十、人口、人民生活和社会保障

2004 年，全市年末总人口预计 504 万人（户籍数）。城乡居民收入稳步增长，生活水平不断提高。全年城镇居民人均可支配收入达9 046元，农民人均纯收入达2 909元，扣除物价因素，分别比上年增长 7.2%和 6.4%。

社会保险制度继续健全，社会福利事业不断加强。“两个确保”进一步巩固。城市居民最低生活保障制度逐步完善，低保标准适当提高。城镇登记失业率控制在 2%以内。

注：公报所列数据为年快报数或预计数，增幅为同比口径计算。

一、行政区划和气象

XINGZHENGQUHUAHEQIXIANG

1-1 行政区划

（2004 年）

单位：个

地区	乡镇	镇	民族乡	街道办事处	街道办事处、乡、镇 社区居委会	村民委员会
全市	132	45	9	27	314	1 256
一、市辖区	28	9	4	27	245	269
五华区	2		1	9	91	11
盘龙区	2			8	47	16
西山区	4	2	2	6	61	35
官渡区	6	3	1	4	35	59
东川区	14	4			11	148
二、县（市）	104	36	5		69	987
呈贡县	7	3			36	29
晋宁县	12	4	2		2	129
安宁市	10	7			14	68
富民县	9	2	1		3	72
宜良县	12	6	2		4	133
石林彝族自治县	10	2			4	88
嵩明县	9	3			1	106
禄劝彝族苗族自治县	18	3			2	192
寻甸回族彝族自治县	17	6			3	170

续1-1

县（市）区	乡、镇、街道办事处	乡、镇、街道办事处数
五华区	护国街道办事处、大观街道办事处、华山街道办事处、龙翔街道办事处、丰宁街道办事处、莲华街道办事处、红云街道办事处、黑林铺街道办事处、普吉街道办事处、厂口乡、沙朗白族乡	9个街道办事处、2个乡
盘龙区	拓东街道办事处、鼓楼街道办事处、东华街道办事处、联盟街道办事处、金辰街道办事处、青云街道办事处、龙泉街道办事处、茨坝街道办事处、双龙乡、松华乡	8个街道办事处、2个乡
官渡区	吴井街道办事处、太和街道办事处、关上街道办事处、金马街道办事处、官渡镇、小板桥镇、大板桥镇、矣六乡、小哨乡、阿拉彝族乡	4个街道办事处、3个镇、3个乡
西山区	金碧街道办事处、永昌街道办事处、前卫街道办事处、福海街道办事处、棕树营街道办事处、马街街道办事处、海口镇、碧鸡镇、谷律彝族白族乡、团结彝族白族乡	6个街道办事处、2个镇、2个乡
东川区	新村镇、碧谷镇、汤丹镇、因民镇、阿旺乡、姑海乡、绿茂乡、乌龙乡、新田乡、法者乡、杉木乡、拖布卡乡、播咔乡、舍块乡	4个镇、10个乡
呈贡县	龙城镇、洛羊镇、斗南镇、七甸乡、大渔乡、马金铺乡、吴家营乡	3个镇、4个乡
晋宁县	昆阳镇、晋城镇、古城镇、宝峰镇、二街乡、中和乡、上蒜乡、六街乡、化乐乡、新街乡、双河彝族乡、夕阳彝族乡	4个镇、8个乡
安宁市	连然镇、八街镇、温泉镇、草铺镇、青龙镇、禄脿镇、太平镇、县街乡、一六街乡、鸣矣河乡	7个镇、3个乡
富民县	永定镇、大营镇、赤鹫乡、款庄乡、者北乡、勤劳乡、东村乡、散旦乡、罗免彝族乡	2个镇、7个乡
宜良县	匡远镇、南羊镇、北古城镇、狗街镇、汤池镇、草甸镇、蓬莱乡、北羊街乡、竹山乡、马街乡、九乡彝族回族乡、耿家营彝族苗簇乡	6个镇、6个乡
石林彝族自治县	鹿阜镇、石林镇、路美邑乡、板桥乡、大可乡、北大村乡、西街口乡、维则乡、圭山乡、亩竹箐乡	2个镇、8个乡
嵩明县	嵩阳镇、杨林镇、小街镇、板桥乡、小新街乡、大哨乡、四营乡、白邑乡、阿子营乡	3个镇、6个乡
禄劝彝族苗族自治县	屏山镇、撒营盘镇、转龙镇、崇德乡、茂山乡、中屏乡、翠华乡、团街乡、云龙乡、双化乡、皎西乡、汤朗乡、马鹿塘乡、大松树乡、则黑乡、九龙乡、乌蒙乡、雪山乡	3个镇、15个乡
寻甸回族彝族自治县	德仁镇、塘子镇、羊街镇、柯渡镇、功山镇、倘甸镇、城关乡、河口乡、七星乡、金所乡、先锋乡、六哨乡、鸡街乡、凤仪乡、联合乡、金源乡、甸沙乡	6个镇、11个乡

1－2　土地面积和人口密度

（2004 年）

	土地面积（平方公里）	年末总人口（万人）	人口密度（人/平方公里）
总　　计	**21 111**	**502.92**	**238**
一、市辖区	4 033	226.39	561
五华区	398		
盘龙区	340		
官渡区	552		
西山区	791		
东川区	1 952	30.26	155
二、县（市）	16 780	276.53	165
呈贡县	461	15.73	341
晋宁县	1 231	27.28	222
安宁市	1 321	26.69	202
富民县	992	13.82	139
宜良县	1 852	40.60	219
石林彝族自治县	1 719	23.05	134
嵩明县	1 357	34.38	253
禄劝彝族苗族自治县	4 249	44.75	105
寻甸回族彝族自治县	3 598	50.23	140
三、滇池水面	298		

注：土地面积数据来自市民政局。

1－3 气象概况

（2004年）

	平均气温（℃）	日照时数（小时）	降水量（毫米）	相对湿度（%）
全年	**15.6**	**2 104**	**1 096**	**69**
一月	9.3	230	29	64
二月	11.0	215	19	62
三月	16.2	234	1	55
四月	16.0	206	122	68
五月	18.9	196	111	65
六月	19.6	123	184	78
七月	20.4	151	225	77
八月	20.9	152	169	74
九月	18.8	126	191	73
十月	15.7	147	21	71
十一月	12.3	150	16	69
十二月	8.7	174	8	69

注：年极端最高气温为：29.7℃，出现日期：7月1日，年极端最低气温为：－0.5℃，出现日期：12月31日，霜日天数为99天。

主要统计指标解释

行政区划 国家为进行分级管理而划分的地方。根据宪法规定，我国行政区划是全国分为省、自治区、直辖市；省、自治区分为自治州、县、自治县、市；县、自治县分为乡、镇。直辖市和较大的市分为区、县。自治州分为县、自治县、市。省下设的地区、县下设的区以及市属区下设的街道办事处都是它们上一级的派出机构。

土地面积 指某一国家或某一地区所辖范围内的全部地域面积。土地包括耕地、荒山、荒地、林地、草原、道路、建筑物占地、河流、湖泊、水库等。按照地形的不同，一般可分为山地、高原、盆地、平原、丘陵。地形分类因各地区特点而异。以下地形的地貌特征是：

（1）平原 地面平坦，地面坡度小于5度，地表组织物质以第四纪松散堆积物为主。

（2）丘陵 地面波状起伏，脉络不明显，丘顶多呈浑圆状，间有峰脊，坡度大多在25度以下，相对高度在200米以下，地表多为基岩裸露。

（3）山地 地面起伏大，线状伸延，脉络清楚，相对高度大于200米，坡度大于25度，地表切割深，多为基岩裸露。

水域面积 指内陆水域，海涂和水利设施用地的面积。包括河流、湖泊、水库、坑塘、苇地（连片生长芦苇的土地）海涂、溪沟渠道的全部面积。不包括河堤以及耕地、园地、草场内临时沟渠和末级固定的沟渠的面积。

人口密度 指一定地理（政治的、行政区域的、自然的、经济的、城乡的）范围内的人口数与相应土地面积的比值，反映一定地理范围内人口集居的稀密状况。计算公式为：

$$人口密度（人/平方公里）=\frac{某地理范围内的总人口}{某地理范围内的土地面积}$$

计算结果表明每一平方公里内有多少人口。

年平均气温 指空气日平均温度一年内的平均值。计算方法为全年农日累计平均气温除以365天，或逐月累计月平均气温除以12个月。

年最高气温 指一年内最高的日平均气温值。

年最低气温 指一年内最低的日平均气温值。

降水量 指一定时段内，降到平地上的降水（包括液态水和固态水）所积成的水层深度，以毫米数（mm）表示。测算时，固态水（如冰、雪）要折合成液态水。

主要统计指标解释

二、综　　合

ZONGHE

2－1　主要年份国民经济主要指标

指　　标	单　位	1995 年	2002 年	2003 年	2004 年	2004 年比 2003 年 ± %
一、年末人口	万人	449.94	494.81	500.79	502.92	0.4
市辖区	万人	193.24	220.04	224.22	226.39	1.0
市辖县（市）	万人	256.70	274.77	276.57	276.53	0.0
二、年末劳动者人数						
全社会从业人员	万人	281.74	305.07	309.28	320.35	3.6
#职工人数	万人	98.08	84.53	82.73	76.96	－7.0
农林牧渔劳动者人数	万人	145.00	143.32	143.44	142.78	－0.5
三、人口变动情况						
出生率	‰	12.58	11.65	11.55	11.10	－
死亡率	‰	5.67	4.80	4.65	4.60	－
人口自然增长率	‰	6.91	6.85	6.90	6.50	－
四、生产总值（当年价）	万元	3 575 485	7 300 813	8 140 121	9 421 371	12.0
五、工业生产						
1. 规模以上工业总产值（当年价）	万元		4 823 150	5 809 573	7 500 282	26.0
#轻工业	万元		1 983 048	2 135 857	2 296 884	13.6
重工业	万元		2 840 102	3 673 717	5 203 398	33.1
2. 工业主要产品产量						
粗　钢	吨	1 363 432	2 287 088	2 383 168	2 692 192	13.0
钢　材	吨	1 349 286	2 016 641	2 438 436	2 891 969	18.6
十种有色金属	吨	192 416	423 842	416 848	522 659	25.4
发电量	万千瓦时	174 572	780 553	1 056 725	1 148 076	8.6
水　泥	万吨	272	369	393	430	9.5

续 2-1

指　　标	单　位	1995 年	2002 年	2003 年	2004 年	2004 年比 2003 年 ± %
化肥（折纯量）	吨	284 741	904 746	1 085 023	871 705	-19.7
卷烟	箱	1 600 938	1 313 157	1 336 076	1 322 683	-1.0
煤气	万立方米	221 064	440 131	547 122	609 459	11.4
自来水生产量	万吨	18 782	23 825	22 550	21 246	-5.8
3. 工业企业全员劳动生产率	元/人	31 062	54 117	68 726	129 730	28.6
六、运输						
货运周转量	万吨公里	941 005	1 350 058	1 540 530	1 508 988	-2.1
旅客周转量	万人公里	403 800	927 264	942 875	1 093 441	16.0
七、农业						
1. 农林牧渔业总产值（当年价）	万元	598 986	901 499	957 332	1 090 013	7.1
2. 主要农产品产量						
粮食	吨	1 153 961	1 174 910	1 139 580	1 148 610	0.8
肉类	吨	162 847	273 056	289 529	309 042	6.7
#猪牛羊肉	吨	146 614	237 920	252 016	269 030	6.8
烤烟	吨	109 188	80 787	78 956	81 855	3.7
蔬菜（含菜用瓜）	吨	679 818	1 462 478	1 627 081	1 673 493	2.9
水果	吨	58 036	71 533	82 105	92 154	12.2
水产品	吨	21 855	34 025	36 374	36 295	0.0
八、固定资产投资						
全社会固定资产投资	万元	1 313 339	2 918 976	3 616 524	4 350 794	20.3
#基本建设投资	万元	462 439	1 050 391	1 358 986	1 400 868	3.1
更新改造投资	万元	355 117	603 584	799 505	884 358	10.6
房地产开发投资	万元	285 668	683 395	700 700	1 076 812	53.7
其它投资	万元	210 115	581 606	757 333	988 756	30.6

注：1995 年工业企业全员劳动生产率，是用工普资料乡及乡以上独立核算工业增加值1 254 799万元 ÷ 职工平均人数403 969人求得。2004 年工业企业全员劳动生产率的增幅按同比口径计算。

续 2－1

指　　标	单位	1995 年	2002 年	2003 年	2004 年	2004 年比 2003 年 ± %
九、国内贸易						
社会消费品零售总额	万元	1 262 560	2 929 955	3 284 109	3 704 629	12.8
# 市的零售额	万元	1 054 386	2 570 436	2 883 317	3 259 611	13.1
县及县以下的零售额	万元	208 174	359 519	400 792	445 018	11.0
十、财政、金融						
地方财政收入	万元	264 985	572 277	629 478	856 414	36.1
地方财政支出	万元	361 447	762 794	806 991	1 046 676	29.7
金融机构存款余额	万元	3 919 769	14 691 225	17 702 638	21 623 711	20.5
# 储蓄存款	万元	1 737 542	5 970 108	7 085 278	8 261 054	16.6
金融机构贷款余额	万元	2 613 275	10 550 966	12 612 378	14 675 071	16.8
十一、物价指数						
城镇居民消费价格指数(增幅以上年为 100)	%	119.1	99.2	101.6	106.5	6.5
商品零售价格指数（增幅以上年为 100）	%	115.0	97.3	100.7	104.6	4.6
十二、人民生活						
城镇居民年人均可支配收入	元	4 739	7 381	7 979	9 046	7.2
农民年人均纯收入	元	1 631	2 441	2 581	2 909	6.4
十三、职工工资						
职工工资总额	万元	591 059	1 051 990	1 105 568	1 221 448	10.5
# 国有单位职工工资总额	万元	490 170	740 890	737 917	811 231	9.9
全部职工年平均工资	元/人	6 014	12 287	13 369	15 464	15.7
# 国有单位职工年平均工资	元/人	6 204	12 476	13 526	16 161	19.5
十四、教育、文化						
普通高等院校数	所	16	18	22	22	－
普通高等院校在校学生数	人	41 051	108 960	135 599	141 000	4.0
中等专业学校在校学生数	人	42 116	63 968	82 852	87 000	5.0
普通中学在校学生数	人	173 151	242 722	246 909	255 417	3.4
小学在校学生数	人	383 224	422 048	427 451	458 492	7.3
公共图书馆	个	17	17	17	17	－
公共图书馆藏书	千册	3 288	3 740	3 871	3 901	0.8
十五、卫生						
卫生机构数	个	1 586	1 427	1 977	2 072	－
专业卫生技术人员	人	30 527	27 173	29 647	31 660	－
医生	人	15 094	12 136	13 405	14 324	－
十六、环境保护						
城市人均公共绿化面积	平方米	5.72	7.76	7.87	7.87	0.0
工业废水排放达标率	%	75.11	89.85	92.56	98.24	－

注：1．财政收支增幅按可比口径计算。

2．城镇居民可支配收入、卫生按新口径计算，增幅按同比口径计算。

2－2　昆明的每一天

指　　标	单位	1990 年	1995 年	2002 年	2003 年	2004 年
一、全市每天创造的财富						
生产总值（当年价）	万元	3 158	9 796	20 002	22 302	25 812
#第一产业	万元	353	1 063	1 534	1 629	1 817
第二产业	万元	1 671	4 920	9 218	10 347	12 436
第三产业	万元	1 134	3 813	9 250	10 326	11 559
地方财政收入	万元	589	726	1 568	1 725	2 346
农业总产值	万元	546	1 641	2 470	2 623	2 986
规模以上工业总产值	万元			13 214	15 917	20 549
粗钢	吨	2 147	3 735	6 266	6 529	7 376
钢材	吨	1 842	3 697	5 525	6 681	7 923
水泥	吨	4 186	7 455	10 108	10 767	11 781
发电量	万千瓦小时	386	478	2 139	2 895	3 145
自来水生产量	万吨	31	50	65	62	58
二、城乡居民平均每天人均消费额	元	–	–	12	13	15
三、全市每天人口变动和婚姻						
出生	人	155	154	157	158	149
死亡	人	68	70	65	58	
结婚	人	–	213	198	205	223
离婚	人	19	25	41	25	40

注：婚姻数据取自市民政局。

2－3 主要经济指标构成

（按当年价计算） 单位：%

指 标	1990年	1995年	2002年	2003年	2004年
生产总值					
第一产业	11.2	10.9	7.7	7.3	7.0
第二产业	52.9	50.2	46.1	46.4	48.2
第三产业	35.9	38.9	46.2	46.3	44.8
农、林、牧、渔业总产值					
农业	63.7	62.1	60.7	57.3	56.8
林业	3.3	3.0	3.7	3.4	3.1
牧业	30.5	31.8	32.2	32.1	33.7
渔业	2.5	3.1	3.4	3.3	2.9
服务业				3.9	3.5
全社会固定资产投资					
基本建设投资	36.7	35.2	36.0	37.6	32.2
更新改造投资	34.9	27.0	20.7	22.1	20.3
房地产投资	6.2	21.8	23.4	19.4	24.7
其它投资（农村集体、农村私人、城镇私人、个私经济）	22.2	16.0	19.9	20.9	22.8

2-4 按三次产业分的从业人员

（年末数）

年份	从业人员合计（万人）	第一产业	第二产业	第三产业	构成（合计=100）% 第一产业	第二产业	第三产业
1980	193.80	121.11	46.68	26.01	62.5	24.1	13.4
1986	229.82	142.01	50.68	37.13	61.8	22.1	16.1
1987	237.18	146.13	51.37	39.68	61.6	21.7	16.7
1988	241.60	150.36	51.18	40.06	62.2	21.2	16.6
1989	245.98	134.95	56.81	54.22	54.9	23.1	22.0
1990	250.89	137.99	58.06	54.84	55.0	23.1	21.9
1991	260.73	143.80	62.87	54.06	55.2	24.1	20.7
1992	268.13	145.45	64.82	57.86	54.2	24.2	21.6
1993	274.93	147.41	64.21	63.31	53.6	23.4	23.0
1994	278.49	143.97	69.47	65.05	51.7	24.9	23.4
1995	281.74	145.00	67.46	69.28	51.5	23.9	24.6
1996	286.34	145.11	68.16	73.07	50.7	23.8	25.5
1997	294.94	146.03	67.40	81.51	49.5	22.9	27.6
1998	295.30	145.88	64.27	85.15	49.4	21.8	28.8
1999	289.08	141.16	62.23	85.69	48.8	21.5	29.7
2000	294.62	141.40	56.59	96.63	48.0	19.2	32.8
2001	295.36	142.44	53.51	99.41	48.2	18.1	33.7
2002	305.07	143.32	65.49	96.26	47.0	21.5	31.5
2003	309.28	143.44	57.62	108.22	46.4	18.6	35.0
2004	320.35	142.78	56.95	120.62	44.6	17.8	37.6

2－5 历年生产总值和指数

年份	生产总值（万元）				生产总值指数（%）			
	生产总值	第一产业	第二产业	第三产业	生产总值	第一产业	第二产业	第三产业
1957	28 510	8 338	14 136	6 036	104.7	97.7	105.4	120.6
1962	38 915	9 160	22 655	7 100	90.9	110.3	82.9	88.6
1963	44 178	10 619	25 969	7 590	114.7	114.7	115.0	113.6
1964	49 461	11 475	29 541	8 445	112.9	108.6	114.6	115.5
1965	59 906	11 550	38 883	9 473	120.9	100.7	134.1	115.2
1966	63 552	12 483	41 199	9 870	109.9	108.0	112.1	104.5
1967	49 291	12 365	29 678	7 248	76.6	99.1	68.1	73.9
1968	29 047	12 030	11 414	5 603	62.8	97.3	38.5	77.2
1969	62 711	13 028	41 753	7 930	199.3	108.3	365.9	143.1
1970	75 020	14 853	49 370	10 797	125.7	114.0	128.6	136.5
1971	84 060	16 441	55 166	12 453	109.7	100.8	111.8	116.2
1972	92 591	17 988	61 247	13 356	109.7	107.2	111.0	107.5
1973	104 568	20 442	67 440	16 686	112.8	113.4	110.1	124.2
1974	91 072	15 766	62 798	12 508	87.2	79.1	93.2	74.6
1975	102 971	20 751	65 157	17 063	113.8	132.6	103.7	136.1
1976	69 286	18 351	40 652	10 283	68.1	88.4	62.4	60.1
1977	103 860	18 435	68 380	17 045	146.9	100.1	168.2	162.5
1978	150 619	19 652	91 703	39 264	130.9	108.2	125.2	183.4
1979	165 971	20 246	105 477	40 248	107.0	94.9	112.5	102.4
1980	191 149	22 175	117 450	51 524	115.2	110.4	111.0	132.7
1981	213 105	27 683	127 088	58 334	108.3	111.8	106.0	111.6
1982	252 309	31 980	154 950	65 379	112.4	109.9	116.2	111.7
1983	274 636	32 846	170 127	71 663	113.3	100.0	113.4	110.4
1984	333 325	42 478	200 082	90 765	117.9	123.9	114.6	122.9
1985	418 477	54 426	252 627	111 424	120.0	103.1	119.5	132.0
1986	479 839	66 125	288 445	125 269	106.3	86.9	109.5	108.9
1987	568 781	89 267	332 594	146 920	110.7	117.8	112.3	104.3
1988	726 902	108 407	451 858	166 637	120.6	102.9	119.9	130.4
1989	998 864	119 160	524 816	354 888	106.4	105.6	107.0	105.0
1990	1 152 588	128 817	609 768	414 003	109.0	104.7	106.5	114.5
1991	1 355 846	137 419	705 207	513 220	111.7	101.0	111.1	116.1
1992	1 692 611	152 631	866 102	673 878	116.5	103.6	116.0	120.5
1993	2 321 347	199 471	1 246 386	875 490	112.2	112.3	111.5	113.2
1994	2 846 229	277 554	1 409 948	1 158 727	112.3	105.1	107.4	120.5
1995	3 575 485	387 988	1 795 779	1 391 718	113.8	121.1	117.6	107.9
1996	4 438 065	443 938	2 184 094	1 810 033	114.1	105.5	114.2	116.6
1997	5 010 757	467 554	2 441 150	2 102 053	113.2	103.7	113.8	114.5
1998	5 620 109	482 843	2 719 256	2 418 010	111.0	102.3	110.4	113.5
1999	5 918 911	498 938	2 789 318	2 630 655	108.2	103.5	106.7	111.1
2000	6 262 853	511 345	2 951 033	2 800 475	108.4	103.5	107.6	110.3
2001	6 730 627	539 697	3 127 071	3 063 859	108.5	104.0	107.2	110.6
2002	7 300 813	559 903	3 364 401	3 376 509	109.2	103.6	109.2	110.1
2003	8 140 121	594 413	3 776 640	3 769 068	110.3	104.3	111.0	110.6
2004	9 421 371	663 106	4 539 137	4 219 128	112.0	104.3	114.6	110.5

注：1. 生产总值按当年价计算。

2. 生产总值指数按可比价计算，以上年为 100。

2-6 各县（市）区生产总值

（2004年）

地　区	生产总值（当年价，万元）	第一产业	第二产业	工　业	建筑业	第三产业
昆明市	9 421 371	663 106	4 539 137	3 625 387	913 750	4 219 128
五华区	159 195		18 061	9 533	8 528	141 134
盘龙区	178 697		15 604	7 991	7 613	163 093
西山区	486 783	25 243	181 286	163 104	18 182	280 254
官渡区	1 166 899	108 762	388 569	311 872	76 697	669 568
东川区	89 916	20 208	38 508	28 290	10 218	31 200
呈贡县	218 502	42 830	125 062	106 262	18 800	50 610
晋宁县	200 378	54 434	88 162	72 440	15 722	57 782
安宁市	765 825	41 145	574 842	544 195	30 647	149 838
富民县	78 076	23 494	28 402	21 562	6 840	26 180
宜良县	407 199	123 500	118 000	105 700	12 300	165 699
石林县	148 738	43 708	46 679	31 616	15 063	58 351
嵩明县	165 708	52 069	65 227	56 247	8 980	48 412
禄劝县	133 756	57 629	28 060	15 993	12 067	48 067
寻甸县	143 154	58 392	23 807	14 387	9 420	60 955

续2-6　（2004年）

地　区	交通运输、仓储及邮政业	批发和零售业	构成（%）第一产业	第二产业	第三产业
昆明市	1 033 708	1 244 859	7.0	48.2	44.8
五华区		99 466		11.3	88.7
盘龙区	2 735	102 268		8.7	91.3
西山区	37 440	70 896	5.2	37.2	57.6
官渡区	57 951	328 539	9.3	33.3	57.4
东川区	3 168	5 686	22.5	42.8	34.7
呈贡县	10 115	7 677	19.6	57.2	23.2
晋宁县	11 236	9 148	27.2	44.0	28.8
安宁市	24 098	35 896	5.4	75.1	19.6
富民县	3 306	5 039	30.1	36.4	33.5
宜良县	31 571	37 707	30.3	29.0	40.7
石林县	7 365	18 846	29.4	31.4	39.2
嵩明县	9 050	11 691	31.4	39.4	29.2
禄劝县	3 026	15 428	43.1	21.0	35.9
寻甸县	12 446	18 089	40.8	16.6	42.6

注：昆明市和县（市）区数为年快报数，五华、盘龙、官渡和西山区为老区划区属数，由于生产总值是分级核算，各县（市）区数相加不等于全市数。

2-7 昆明市国民经济主要指标占云南省的比重

(2004年)

指　　标	单　位	云　南	昆　明	昆明占云南的比重（%）
一、生产总值（当年价）	亿元	2 959.48	942.14	31.83
第一产业	亿元	604.33	66.31	10.97
第二产业	亿元	1 314.19	453.92	34.54
第三产业	亿元	1 040.96	421.91	40.53
二、社会消费品零售总额	亿元	884.86	370.46	41.87
三、农林牧渔业总产值（当年价）	亿元	965.22	109.00	11.29
四、主要农产品产量				
粮食	万吨	1 509.50	114.86	7.61
油料	万吨	33.41	1.33	3.98
猪牛羊肉	万吨	257.10	26.90	10.46
五、地方财政收入	亿元	263.30	85.64	32.53
地方财政支出	亿元	661.80	104.84	15.84
六、主要工业产品产量				
机制纸及纸板	万吨	30.08	2.20	7.31
卷烟	万箱	621.38	132.27	21.29
发电量	亿千瓦小时	543.78	114.81	21.11
钢	万吨	349.31	269.22	77.07
成品钢材	万吨	350.55	289.20	82.50
水泥	万吨	2 296.56	430.39	18.74
十种有色金属	万吨	129.42	52.27	40.39
七、全社会固定资产投资	亿元	1 330.60	435.08	32.70

2－8 昆明市十四个县（市）区主要经济指标

（2004 年）

	生产总值（万元）	地方财政收入（万元）	农林牧渔业总产值（万元）	农民人均纯收入（元）
全 市	**9 421 371**	**856 414**	**1 090 013**	**2 909**
五华区	159 195	69 251		
盘龙区	178 697	64 841		
官渡区	1 166 899	98 661	155 390	5 333
西山区	486 783	40 558	41 957	4 584
东川区	89 916	5 601	37 632	1 306
呈贡县	218 502	12 403	81 277	4 195
晋宁县	200 378	9 673	84 556	3 029
安宁市	765 825	56 643	65 115	3 487
富民县	78 076	5 932	47 875	2 814
宜良县	407 199	18 139	192 974	3 150
石林县	148 738	10 705	83 570	2 741
嵩明县	165 708	10 052	87 755	2 754
禄劝县	133 756	7 796	110 454	1 538
寻甸县	143 154	8 464	101 458	1 712

注：1. 生产总值、农林牧渔业总产值绝对数按当年价计算。
2. 五华、盘龙、官渡、西山四个区的生产总值为区属数。

2－9 云南省十六个地州市主要经济指标

（2004 年）

	年末总人口（万人）	位次	生产总值（亿元）	位次	地方财政收入（亿元）	位次	社会消费品零售总额（亿元）	位次	农民人均纯收入（元）	位次
全 省	**4 415.20**		**2 959.48**		**263.30**		**884.86**		**1 864**	
昆明市	502.92	3	942.14	1	85.64	1	370.46	1	2 909	2
曲靖市	575.66	1	342.48	2	23.66	3	67.56	2	1 898	6
玉溪市	208.55	11	327.90	3	30.45	2	44.43	6	3 009	1
保山市	241.13	9	98.08	9	5.83	8	31.97	9	1 721	8
昭通市	524.35	2	145.67	7	7.26	7	33.64	8	1 171	15
丽江市	112.73	12	50.38	13	3.52	12	13.66	14	1 324	11
思茅市	254.90	8	88.49	10	5.40	10	29.34	10	1 415	9
临沧市	231.80	10	83.90	11	4.19	11	24.43	11	1 222	14
楚雄州	256.18	7	162.33	6	11.45	6	42.96	7	2 022	4
红河州	404.26	4	250.01	4	23.60	4	57.07	3	1 807	7
文山州	334.97	6	124.13	8	5.52	9	44.73	5	1 247	13
西双版纳州	87.62	14	68.79	12	2.96	14	18.78	13	2 012	5
大理州	338.34	5	201.24	5	13.30	5	52.66	4	2 090	3
德宏州	105.89	13	48.30	14	3.25	13	19.05	12	1 394	10
怒江州	48.04	15	16.22	16	1.48	15	6.41	15	969	16
迪庆州	33.81	16	19.73	15	1.10	16	5.77	16	1 276	12
昆明占全省比重％	11.39		31.83		32.53		41.87			

注：本资料摘自《云南领导干部经济工作手册—2005》。

主要统计指标解释

国内生产总值或地区生产总值（GDP） 是指一个国家或地区所有常住单位在一定时期内（通常为一年）生产活动的最终成果（简称 GDP）。即所有常住机构单位或产业部门一定时期内生产的可供最终使用的产品和劳务的价值。对国家而言，此指标称之为国内生产总值（GDP）；对地区而言，此指标则称之为地区生产总值（GDP），如云南省生产总值，昆明市生产总值，等等。

生产总值有三种表现形态，即价值形态、收入形态和产品形态。从价值形态看，它是所有常住单位在一定时期内所生产的全部货物和服务价值超过同期投入的全部非固定资产货物和服务价值的差额，即所有常住单位的增加值之和；从收入形态看，它是所有常住单位在一定时期内所创造并分配给常住单位和非常住单位的初次分配收入之和；从产品形态来看，它是最终使用的货物和服务减去进口货物和服务。

生产总值能够全面反映全社会经济活动的总规模，是衡量一个国家或地区经济实力，评价经济形势的重要综合指标，世界上大多数国家都采用这一指标。

当年价格 指报告期的实际价格，如工厂的出厂价格，农产品的收购价格，商业的零售价格等。按当年价格计算，是指一些以货币表现的价值量指标，如社会总产值、工农业总产值。国民收入、国民生产总值等，按照当年的实际价格来计算总量。使用当年价格计算的数字，是为了使国民经济各项指标互相衔接，便于考察当年社会经济效益，便于对生产和流通、生产和分配、生产和消费进行经济核算和综合平衡。

按当年价格计算的价值指标，在不同年份之间进行对比时，因为包含有各年间价格变动的因素，不确切地反映实物量的增减变动。必须消除价格变动因素后，才能真实反映经济发展动态。因此，在计算增长速度时都使用按可比价格计算的数字。

可比价格 指在不同时期的价值指标对比时，扣除了价格变动的因素，以确切反映物量的变化。按可比价格计算有两种方法：一种是直接按产品产量乘其不变价格计算；一种是用价格指数换算。

不变价格 用某一时期的同类产品的平均价格作为固定价格，来计算各个时期的产品价值。新中国成立后，随着工农业产品价格水平的变化，国家统计局先后五次制定了全国统一的工业产品不变价格和农业产品不变价格，从 1949 年到 1957 年使用 1952 年工（农）业产品不变价格，从 1957 年到 1971 年使用 1957 不变价格，从 1971 年到 1981 年使用 1970 年不变价格，从 1981 年到 1990 年使用 1980 年不变价格，从 1990 年开始使用 1990 年不变价格。

本〈年鉴〉所列“社会总产值指数”、“工农业总产值指数”、“国内生产总值指数”等都是按可比价格计算的。如计算有关年份产值增长情况，可用指数直接进行对比。

平均每年增长速度 在我国计算平均增长速度有两种方法，一种是习惯上经常使用的“水平法”，又称几何平均法，是以间隔期最后一年的水平同基期水平对比来计算平均每年增长（或下降）速度。另一种是“累计法”，又称代数平均法或方程法，是以间隔期内各年水平的总和同基期水平对比来计算平均每年增长（或下降）速度。（具体计算方法，可参阅中国财政经济出版社出版的《平均增长速度查对表》。）

在一般正常情况下，两种方法计算的平均每年增长速度比较接近，但在经济发展不平衡，出现大起大落时，两种方法计算的结果差别较大。

本《年鉴》内所列的平均每年增长速度，一般都是用“水平法”计算的。从某年到某年平均增长速度的年份，均不包括基期年在内。如建国三十六年的平均增长速度是以 1949 年为基期计算的，则写为 1950—1985 年平均增长速度，余类推。固定资产投资则是用“累计法”计算的。

各个计划时期 表内所用各个“时期”代表的年份如下：恢复时期为 1950 年到 1952 年；第一个五年计划时期（简称“一五”时期）为 1953 年到 1957 年；第二个五年计划时期（简称“二五”时期）为 1958 年到 1962 年；第三个五年计划时期（简称“三五”时期）为 1966 年到 1970 年；第四个五年计划时期（简称“四五”时期）为 1971 年到 1975 年；第五个五年计划时期（简称“五五”时期）为 1976 年到 1980 年；第六个五年计划时期（简称“六五”时期）为 1981 年到 1985 年；第七个五年计划时期（简称“七五”时期）为 1986 年到 1990 年；第八个五年计划时期（简称“八五”时期）为 1991 年到 1995 年；从 1996 年到 2000 年为第九个五年计划时期（简称“九五”时期）。

国有经济单位 指生产资料归全民所有的企业、事业单位，以及各级国家机关、人民团体等单位。

集体经济单位 指生产资料归劳动者集体所有的各种企事业单位。包括农村各种经济组织经营的农、林、牧、渔业，乡（社）村（队）经营的企业、事业单位；城市，县，镇以及街道举办的集体所有制的企业，事业单位。

三次产业 根据社会生产活动历史发展的顺序对产业结构的划分，产品直接取自自然界的部门称为第一产业，对初级产品进行加工再加工的部门称为第二产业，为生产和消费提供各种服务的部门为第三产业。它是世界上通用的产业结构分类，但各国的划分不尽一致．我国的三次产业划分是：

第一产业：农业（包括种植业、林业、牧业、渔业）。

第二产业：工业（包括采掘工业、制造业、自来水、电力、蒸气、热水、煤气）和建筑业。

第三产业：除第一、第二产业以外的其他各业。由于第三产业包括的行业多、范围广，根据我国的实际情况，第三产业可分为两大部门：一是流通部门，二是服务部门。具体又可分为四个层次。

第一层次：流通部门，包括交通运输业、邮电通讯业、商业、饮食业、物资供销和仓储业。

第二层次：为生产和生活服务的部门，包括金融、保险业，地质勘查业，房地产、公用事业，居民服务业，咨询服务业和综合技术服务业，农、林、牧、渔、水利服务业和水利业、公路、内河（湖）航道养护业等。

第三层次：为提高科学文化水平和居民素质服务的部门，包括教育、文化、广播电视、科学研究、卫生、体育和社会福利事业等。

第四层次：为社会公共需要服务的部门，包括国家机关、政党机关、社会团体，以及军队和警察等。

三、人　　　口

RENKOU

3-1 历年全市年末人口数

单位：万人

年份	总户数（户）	总人口	按性别分		按农业、非农业人口分	
			男	女	农业人口	非农业人口
1949	393 601	175.06	88.24	86.82	142.40	32.66
1957	459 595	225.28	114.56	110.72	160.66	64.62
1958	460 221	225.85	116.02	109.83	151.82	74.03
1960	457 950	234.50	121.09	113.41	149.21	85.29
1962	496 765	236.45	119.80	116.65	166.30	70.15
1963	512 614	245.66	124.43	121.23	173.12	72.54
1964	529 879	254.12	129.29	124.83	178.99	75.13
1965	540 751	264.62	135.54	129.08	183.44	81.18
1966	549 183	273.92	141.05	132.87	188.69	85.23
1967	555 559	279.09	143.54	135.55	193.46	85.63
1968	571 500	288.76	148.79	139.97	200.37	88.39
1969	575 613	293.21	150.98	142.23	208.00	85.21
1970	606 643	298.93	154.00	144.93	211.55	87.38
1971	584 495	309.71	159.84	149.87	219.47	90.24
1972	618 281	319.24	163.72	155.52	224.15	95.09
1973	631 999	329.69	168.96	160.73	233.90	95.79
1974	643 598	338.12	173.56	164.56	238.81	99.31
1975	660 052	343.94	175.64	168.30	244.04	99.90
1976	611 697	350.17	178.97	171.20	247.84	102.33
1977	695 235	359.08	183.61	175.47	254.42	104.66
1978	709 356	367.10	187.84	179.26	258.66	108.44
1979	724 933	371.82	190.25	181.57	258.94	112.88
1980	776 926	378.05	193.23	184.82	263.27	114.78
1981	781 232	379.38	194.36	185.02	262.04	117.34
1982	792 253	384.04	197.17	186.87	264.07	119.97
1983	841 217	388.71	199.65	189.06	265.43	123.28
1984	857 239	393.84	202.79	191.05	267.42	126.42
1985	892 888	399.23	205.30	193.93	268.08	131.15
1986	926 927	404.55	208.47	196.08	270.53	134.02
1987	972 270	410.16	211.43	198.73	272.26	137.90
1988	1 004 827	416.75	215.14	201.61	274.59	142.16
1989	1 045 925	421.85	217.97	203.88	276.29	145.56
1990	1 081 384	426.72	220.68	206.04	278.51	148.21
1991	1 116 061	431.65	223.24	208.41	280.54	151.11
1992	1 145 887	435.59	225.44	210.15	281.97	153.62
1993	1 185 445	440.68	228.16	212.52	282.46	158.22
1994	1 209 048	444.91	230.36	214.55	283.38	161.53
1995	1 240 669	449.94	233.02	216.92	284.93	165.01
1996	1 262 869	455.26	236.02	219.24	286.41	168.85
1997	1 293 942	460.65	238.60	222.05	287.09	173.56
1998	1 331 192	467.01	241.65	225.36	288.95	178.06
1999	1 357 452	473.39	244.84	228.55	290.44	182.95
2000	1 386 417	480.94	248.59	232.35	291.78	189.16
2001	1 410 640	487.52	251.91	235.61	292.69	194.83
2002	1 431 967	494.81	255.64	239.17	294.30	200.51
2003	1 459 616	500.79	258.33	242.45	295.44	205.34
2004	1 487 679	502.92	259.11	243.81	294.85	208.07

注：1. 历年年末人口数为户籍数。

2.2000 年全市第五次人口普查总人口为 578.14 万人（包括居住在本市半年以上的外来人口 103 万人，不包括户籍人口中居住在外地半年以上的人口 6 万人）。其中男性 303.97 万人、女性 274.16 万人。

3-2 主要年份全市人口出生率、死亡率、自然增长率

年　　份	年平均人口 （万人）	出生率（‰）	死亡率（‰）	自然增长率（‰）
1980	374.94	13.38	5.89	7.49
1982	381.71	14.28	6.26	8.02
1983	386.37	11.70	6.19	5.51
1984	391.27	11.44	5.54	5.90
1985	396.54	11.42	5.54	5.88
1986	401.89	13.63	5.58	8.05
1987	407.36	13.64	5.35	8.29
1988	413.46	13.68	5.29	8.39
1989	419.30	13.47	5.91	7.56
1990	424.28	13.34	5.88	7.46
1991	429.18	12.07	5.59	6.48
1992	433.62	11.81	5.98	5.83
1993	438.13	12.43	5.47	6.96
1994	442.79	12.08	5.37	6.71
1995	447.43	12.58	5.67	6.91
1996	452.60	12.13	5.55	6.58
1997	457.96	12.78	5.46	7.32
1998	463.83	13.02	5.09	7.93
1999	470.20	12.53	5.12	7.42
2000	477.16	13.45	5.72	7.73
2001	484.23	11.52	4.72	6.80
2002	491.17	11.65	4.80	6.85
2003	497.80	11.55	4.65	6.90
2004	501.86	11.10	4.60	6.50

主要统计指标解释

人口数指一定时点，一定地区范围内的有生命的自然人的总和。年度统计的年末人口数是指每年 12 月 31 日 24 时的人口数。

市镇人口和乡村人口一般是按常住人口划分的。

市镇人口指市辖区、县级市和镇辖行政区内的全部人口。

乡村人口指县（不含镇）的全部人口。

市由国务院批准设立。

镇由省、市、自治区、直辖市人民政府批准设立。1963 年以前为常住人口在 2000 人以上，非农业人口占 50%以上的，1964 年起改为常住人口在 3000 人，非农业人口占 85%以上的。1984 年后又调整为，凡县级地方国家机关所在地；或总人口在 20000 人以下的乡，乡政府驻地非农业人口超过 2000 人的；或总人口在 20000 人以上的乡、乡政府驻地非农业人口占全乡人口 10%以上；或少数民族地区、人口稀少的边远地区、山区和小型工矿区、小港口、风景旅游、边境口岸等地，非农业人口不足 2000 人，确有必要，都可建镇。

人口密度指一定时点一定地区的人口数与该地区的面积数之比，即一定时点的单位土地面积上的人口数，通常以每平方公里的居民人数来表示：

$$人口密度=\frac{该地区的人口数}{该地区的土地面积}$$

出生率（又称粗出生率）指一定时期内（通常为一年内）一定地区的出生人数与同期平均人数之比，一般用千分率表示。计算公式：

$$出生率=\frac{年出生人数}{年平均人数}\times‰$$

出生人数是指活产婴儿，即有过呼吸或其他生命现象。

年平均人数是年初、年末人口数的平均数，也可用年中人口数代替。

死亡率指在一定时期内（通常为一年内）一定地区的死亡人数与同期平均人数之比，一般用千分率表示。计算公式：

$$死亡率=\frac{年死亡人数}{年平均人数}\times‰$$

人口自然增长率在一定时期内（通常为一年内）人口自然增加数（出生人数减死亡人数）与年平均人数之比，一般用千分率表示。计算公式：

$$人口自然增长率=\frac{年出生人数—年死亡人数}{年平均人数}\times‰$$

人口自然增长率＝人口出生率一人口死亡率

性别比反映两性人口比例的指标，指在总人口中或各年龄组人口中，男性人数与女性人数之比。通常以每 100 个女性人口相对应的男性人口数。计算公式：

$$性别比=\frac{男性人口}{女性人口}\times‰$$

四、从业人员和职工工资

CONGYERENYUANHEZHIGONGGONGZI

4-1　按国民经济行业分的单位从业人员人数

2004 年　　　　单位：人

指标	从业人员年末人数
全市合计	720 358
按国民经济行业分	
1．农、林、牧、渔业	7 977
2．采矿业	7 391
3．制造业	178 113
4．电力、燃气及水的生产和供应业	12 294
5．建筑业	77 165
6．交通运输、仓储和邮政业	70 803
7．信息传输、计算机服务和软件业	13 679
8．批发和零售业	46 719
9．住宿和餐饮业	18 908
10．金融业	20 967
11．房地产业	10 382
12．租赁和商务服务业	13 138
13．科学研究、技术服务和地质勘查业	37 289
14．水利、环境和公共设施管理业	8 352
15．居民服务和其他服务业	4 637
16．教育	75 355
17．卫生、社会保障和社会福利业	30 249
18．文化、体育和娱乐业	12 365
19．公共管理和社会组织	74 575
20．国际组织	

4－2 主要年份全部职工工资总额和平均工资

年份	工资总额（千元）			
	合　计	国有经济单　位	集体经济单　位	其他经济单　位
1978	422 018	375 536	46 482	
1979	475 133	418 081	57 052	
1980	567 371	498 420	68 951	
1981	596 451	522 108	74 343	
1982	634 655	549 201	85 454	
1983	677 230	585 326	91 904	
1984	827 583	711 202	114 497	1 884
1985	968 052	832 973	132 307	2 772
1986	1 102 065	949 151	149 861	3 053
1987	1 271 495	1 093 591	174 012	3 892
1988	1 542 655	1 331 103	205 395	6 157
1989	1 750 438	1 510 503	232 404	7 531
1990	2 085 278	1 816 292	262 449	6 537
1991	2 372 541	2 039 138	324 327	9 076
1992	2 869 395	2 440 020	414 029	15 346
1993	3 808 019	3 212 473	514 463	81 083
1994	5 191 120	4 331 337	718 844	160 939
1995	5 910 589	4 901 696	796 537	212 356
1996	7 067 305	5 884 630	873 619	309 056
1997	7 909 571	6 642 148	835 442	431 981
1998	8 236 287	6 751 079	739 256	745 952
1999	8 675 716	6 647 893	701 349	1 326 474
2000	9 187 062	6 848 382	662 125	1 676 555
2001	9 607 725	6 728 038	524 708	2 354 979
2002	1 0519 895	7 408 899	491 777	2 619 219
2003	11 055 680	7 379 166	440 728	3 235 786
2004	12 214 482	8 112 309	351 157	3 751 016

续 4－2

年份	平均工资（元/人）			
	全市平均	国有经济单位	集体经济单位	其他经济单位
1978	656	686	486	
1979	711	737	567	
1980	802	833	629	
1981	817	844	668	
1982	845	867	722	
1983	881	901	772	
1984	1 062	1 100	876	907
1985	1 213	1 250	1 022	1 252
1986	1 342	1 386	1 116	1 304
1987	1 509	1 559	1 258	1 421
1988	1 809	1 866	1 510	1 846
1989	2 046	2 117	1 686	1 933
1990	2 413	2 497	1 955	2 570
1991	2 644	2 725	2 219	3 272
1992	3 087	3 200	2 539	3 969
1993	3 880	4 003	3 149	5 198
1994	5 272	5 442	4 327	6 108
1995	6 014	6 204	4 972	6 534
1996	7 263	7 491	5 880	7 931
1997	8 118	8 372	6 205	9 308
1998	8 554	8 770	6 757	8 914
1999	9 077	9 149	7 161	10 104
2000	9 891	9 941	7 555	11 013
2001	10 914	11 049	7 414	11 741
2002	12 287	12 476	8 084	12 996
2003	13 369	13 526	8 595	14 063
2004	15 464	16 161	9 066	15 055

4－3 按经济类型分行业在岗职工年末人数

（2004 年）

单位：人

行　　业	全部在岗职工	国有经济	集体经济	其他经济
全市合计	**680 480**	**438 948**	**28 458**	**213 074**
按企、事业和机关分组				
企业	450 926	209 772	28 080	213 074
事业	155 960	155 694	266	－
机关	73 594	73 482	112	－
按国民经济行业分				
1．农、林、牧、渔业	7 685	6 226	43	1 416
2．采掘业	7 367	5 428	87	1 852
3．制造业	173 630	62 897	10 351	100 382
4．电力、燃气及水的生产和供应业	12 211	6 845	106	5 260
5．建筑业	70 050	40 314	2 654	27 082
6．交通运输、仓储和邮政业	66 830	58 524	3 149	5 157
7．信息传输、计算机服务和软件业	11 680	5 681	140	5 859
8．批发和零售业	44 854	12 167	4 210	28 477
9．住宿和餐饮业	18 099	5 882	2 036	10 181
10．金融业	20 190	13 154	2 364	4 672
11．房地产业	9 594	1 894	265	7 435
12．租赁和商务服务业	12 400	5 374	1 538	5 488
13．科学研究、技术服务和地质勘查业	26 510	22 498	394	3 618
14．水利、环境和公共设施管理业	7 932	7 318	26	588
15．居民服务和其他服务业	3 648	736	499	2 413
16．教育	74 436	73 068	169	1 199
17．卫生、社会保障和社会福利业	29 640	28 957	134	549
18．文化、体育和娱乐业	11 590	10 089	173	1 328
19．公共管理和社会组织	72 134	71 896	120	118
20．国际组织				

4－4 按经济类型分行业在岗职工平均工资

（2004 年）

单位：元/人

行　　业	全部在岗职工	国有经济	集体经济	其他经济
全市合计	**16 648**	**17 241**	**10 848**	**16 231**
按企、事业和机关分组				
企业	17 489	19 658	10 804	16 231
事业	15 408	15 411	13 676	－
机关	13 884	13 881	15 685	－
按国民经济行业分				
1．农、林、牧、渔业	11 083	11 582	7 545	8 766
2．采掘业	13 903	14 579	5 000	12 449
3．制造业	17 203	20 953	10 302	15 589
4．电力、煤气及水的生产和供应业	26 090	22 108	14 695	31 407
5．建筑业	12 877	11 963	11 763	14 259
6．交通运输、仓储和邮政业	20 788	21 570	12 406	17 174
7．信息传输、计算机服务和软件业	27 139	32 393	9 250	22 579
8．批发和零售业	14 174	15 334	9 517	14 305
9．住宿和餐饮业	10 192	11 125	8 228	10 086
10．金融业	26 848	29 819	16 294	23 700
11．房地产业	15 049	15 534	11 439	15 048
12．租赁和商务服务业	26 720	21 047	9 151	37 285
13．科学研究、技术服务和地质勘查业	18 268	17 667	12 749	22 641
14．水利、环境和公共设施管理业	12 577	12 480	10 615	13 877
15．居民服务和其他服务业	11 081	12 795	8 882	11 010
16．教育	14 565	14 487	11 529	19 718
17．卫生、社会保障和社会福利业	19 275	19 417	8 553	14 171
18．文化、体育和娱乐业	13 933	14 626	9 971	9 222
19．公共管理和社会组织	13 769	13 766	14 033	15 261
20．国际组织				

4-5 各县（市）区国有经济单位

（2004年）

	合　计	农、林、牧、渔业	采矿业	制造业	电力、燃气及水的生产和供应业	建筑业	交通运输、仓储和邮政业	信息传输、计算机服务和软件业	批发和零售业	住宿和餐饮业
全市合计	**438 948**	**6 226**	**5 428**	**62 897**	**6 845**	**40 314**	**58 524**	**5 681**	**12 167**	**5 882**
盘龙区	8 226								895	219
五华区	7 915					10			26	
西山区	7 130			355					168	5
官渡区	14 312	117		37					237	616
安宁市	36 290	845	457	24 863	178	1 024	56	95	519	116
富民县	5 600	222		12	53	7	65	3	74	
呈贡县	6 739	120		829	180	140	349	30	378	17
晋宁县	14 954	304	3 578	1 231	168	1 153	202	37	396	171
嵩明县	10 030	715		262	40		59	33	310	71
宜良县	13 153	360	1 315	387	964		276	49	1 886	58
石林县	9 797	45		47	260		103	50	886	313
禄劝县	10 903	964			631	58	96	49	362	28
东川区	9 454	630		521	136	41	391	22	281	35
寻甸县	12 955	200	15	42	89	5	208	60	351	17

注：全市合计中含中央、省、市属国有经济单位的在岗职工人数，盘龙、五华、西山、官渡四区只含区属单位在岗职工人数。

分行业在岗职工年末人数

单位：人

金融业	房地产业	租赁和商务服务业	科学研究、技术服务和地质勘查业	水利、环境和公共设施管理业	居民服务和其他服务业	教育	卫生、社会保障和社会福利业	文化、体育和娱乐业	公共管理和社会组织	国际组织
13 154	**1 894**	**5 374**	**22 498**	**7 318**	**736**	**73 068**	**28 957**	**10 089**	**71 896**	
	264	40	6	565		2 790	739	125	2 583	
	197	18	30	851		3 017	420	117	3 229	
	29		66			2 245	453	29	3 780	
	39	28	72	794		6 052	1 350	159	4 811	
377	18	12	174	423	49	3 026	767	341	2 950	
119	16	50	568	144		1 604	591	120	1 952	
178	16		141	26		1 769	414	36	2 116	
176	19	533	862	313		2 511	643	74	2 583	
248	29	25	303	214		3 213	833	65	3 610	
256		77	160	276	15	3 207	841	63	2 963	
205	42	51	21	1 022	52	2 709	572	83	3 336	
166				263		4 018	776	144	3 348	
160	19	14	131	363	9	3 068	1 166	213	2 254	
199	29	131	52	151		5 432	695	52	5 227	

主要统计指标解释

一、从业人员

单位从业人员：各单位的从业人员是指在各级国家机关、政党机关、社会团体及企业、事业单位中工作、并取得劳动报酬的全部人员。包括：在岗职工、再就业的离退休人员、民办教师以及在各单位中工作的外方人员和港澳台方人员、兼职人员、借用的外单位人员和第二职业者。不包括离开本单位仍保留劳动关系的职工（非在岗职工）。

职工按是否在岗分为在岗职工和非在岗职工。

在岗职工：指在本单位工作并由单位支付劳动报酬的职工。包括由单位派出学习、劳务及病伤产假且仍由单位支付劳动报酬的人员。

离开本单位仍保留劳动关系的职工（非在岗职工）：指由于各种原因，已经离开本人的生产或工作岗位，并已不在本单位从事其他工作，但仍与用人单位保留劳动关系的职工。

离开本单位仍保留劳动关系的职工生活费：指上述人员在离开本单位仍保留劳动关系期间从本单位领取的生活费。

内部退养职工：指接近正常退休年龄但因退出工作岗位，在正式办理退休手续前由单位按月发给一定生活费的职工。

专业技术人员：指从事专业技术工作的人员以及从事专业技术管理工作且已在1983年以前评定了专业技术职称或在1984年以后聘任了专业技术职务的人员。

专业技术人员具体指工程技术人员、农业技术人员、科研人员（含自然科学研究、社会科学研究及实验技术人员）、卫生技术人员、教学人员（含高等院校、中等专业学校、技工学校、中学、小学）、民用航空飞行技术人员、船舶技术人员、经济人员、会计人员、统计人员、翻译人员、图书资料、档案、文博人员、新闻、出版人员、律师、公证人员、广播电视播音人员、工艺美术人员、体育人员、艺术人员及政工人员。

专业技术管理人员具体指企业、事业单位的领导，企业事业单位下设的职能机构、企业的生产车间和辅助车间（或附属辅助生产单位）中从事生产、技术、经济管理和政治工作的人员。

＊按照公务员管理或参照公务员管理的人员不统计为专业技术人员。

二、工资总额

1．工资总额构成指将工资总额按其职能及发放形式区分为若干项目。包括：计时和计件标准工资、各种奖金、各种津贴和补贴、加班加点工资和其他工资等。

a．计时工资是指按计时工资标准和工作时间支付给个人的劳动报酬。计件工资是指对已做工作按件单价支付的劳动报酬。计时和计件标准工作填报的内容主要包括：

（1）对已做工作按计时工资标准支付的工资；

（2）新参加工作职工的见习工资（学徒的生活费）；

（3）根据国家法律、法规和政策规定，因病、工伤、产假、计划生育假、婚丧假、事假、探亲假、定期休假、停工学习、执行国家或社会义务等原因按计时工作标准或计时工资标准的一定比例支付的工资；

（4）实行岗位技能工资制的单位支付给职工的技能工资和岗位（职务工资）；

（5）合同制职工按规定缴纳的不超过本人标准工资一定比例的退休养老基金、职工受处分期间的工资、浮动升级的工资等。

（6）机关工作人员的职务工资、级别工资、基础工资；工人的岗位工资、技术等级（职务）工资；

（7）各类事业单位的专业技术职务工资、艺术专业职务工资、体育基础津贴、行员等级工资、职员职务工资、技术等级工资、等级工资等。工人的技术等级（职务）工资、等级工资。

（8）实行计件工资制的单位，按照批准的计件单价和规定的劳动定额或工作量支付给计件工人的劳动报酬。

（9）按工作任务包干方法支付给个人的工资；按营业额提成或利润提成办法支付给个人的工资。

（10）临时职工的工资等。

b．奖金是指支付给职工的超额劳动报酬和增收节支的劳动报酬。包括生产（业务）奖、节约奖、劳动竞赛奖、计件超额工资以及其他奖金等。

c．津贴是指为了补偿职工特殊或额外的劳动消耗和因其他特殊原因支付给职工的津贴。补贴是指为了保证职工工资水平不受物价影响而支付给职工的物价补贴。

津贴包括：

（1）补偿职工特殊或额外劳动消耗的津贴及岗位性津贴。包括高空津贴、井下津贴、流动施工津贴、高温作业补贴、艰苦气象台（站）津贴、微波站津贴、冷库低温津贴、邮电人员外勤津贴、夜班津贴、中班津贴、班（组）长津贴、环卫工人岗位津贴、广播电视天线工岗位津贴、盐业岗位津贴、废品回收人员岗位津贴、殡葬特殊行业津贴、城市社会福利事业岗位津贴、环境监测津贴、收容遣送岗位津贴、课时津贴、班主任津贴、科研辅助津贴、卫生临床津贴和防检律贴、农业技术推广服务津贴、护林津贴、林业技术推广服务津贴、野生动物保护工作津贴、水利防汛津贴、气象服务津贴、地震预测预防津贴、技术监督工作津贴、口岸鉴定检验津贴、环境污染监控津贴、社会服务津贴、特殊岗位津贴、岗位津贴、野外津贴、水上作业津贴、艺术表演档次津贴、演出场次津贴、艺术人员工种补贴、运动员成绩津贴、教练员培训津贴、运动员突出贡献津贴、责任目标津贴、领导职务津贴、岗位目标管理津贴、专业技术职务津贴、专业技术岗位津贴、技术等级岗位津贴、机关工作人员岗位津贴、技术工人岗位津贴、普通工人作业津贴以及其他特殊行业和苦脏累险等特殊岗位设立的津贴等。

（2）保健性津贴。包括：卫生防疫津贴、医疗卫生津贴、科技保健津贴以及其他行业职工的特殊保健津贴等。

（3）技术性津贴。包括：特级教师津贴、科研课题津贴、研究生导师津贴、工人技师津贴、中药老药工技术津贴、特殊教育津贴、高级知识分子特殊津贴等。

（4）年功性津贴。包括：工龄工资、工龄津贴、教龄津贴和护士津贴等。

（5）地区津贴。包括艰苦边远地区津贴和地区附加津贴等。

（6）其他津贴。包括：直接支付给个人的伙食津贴、合同制职工的工资性补贴、上下班交通补贴、洗澡理发沐浴费、书报费等。

补贴包括：副食品价格补贴（含肉类等价格补贴）、粮、油、蔬菜等价格补贴、煤价补贴、房贴、水电贴、房改补贴以及煤气煤价提高补贴等。

d．加班加点工资是指对法定节假日和公休假日工作的职工，以及在正常工作日以外延长工作时间的职工按规定支付的加班工资和加点工资。

e．其他工资是指其他根据国家规定支付的工资。如附加工资、保留工资以及调整工资补发的上年工资等。

2、工资总额组成项目除上述具体规定和解释外，其他地方和单位自行建立的项目应视项目的性质列入相应的指标栏目进行统计。

五、固定资产投资

GUDINGZICHANTOUZI

5-1 1950年~2004年全社会固定资产投资完成情况

单位：万元

年份	投资总额	按建设性质分				按经济类型分	
		基本建设	更新改造	房地产开发	其他	国有	非国有
1950	138	138				138	
1951	476	476				476	
1952	751	751				751	
1953	4 482	4 482				4 482	
1954	4 861	4 861				4 861	
1955	3 159	3 159				3 159	
1956	5 800	5 800				5 800	
1957	10 939	10 939				10 939	
1958	27 506	27 506				27 506	
1959	38 283	38 283				38 283	
1960	40 510	40 510				40 510	
1961	11 642	11 642				11 642	
1962	4 190	4 190				4 190	
1963	8 297	8 297				8 297	
1964	9 220	9 220				9 220	
1965	12 517	12 517				12 517	
1966	23 540	23 540				23 540	
1967	9 359	9 359				9 359	
1968	5 749	5 749				5 749	
1969	13 847	13 847				13 847	
1970	17 827	17 827				17 827	
1971	25 848	25 848				25 848	
1972	24 709	24 709				24 709	
1973	26 957	26 957				26 957	
1974	22 011	21 760			251	21 760	251
1975	22 315	22 077			238	22 077	238
1976	16 020	15 870			150	15 870	150
1977	20 229	20 139			90	20 139	90
1978	27 763	26 126	80		1 557	26 634	1 129
1979	36 383	33 976	77		2 330	34 970	1 413
1980	50 419	41 153	6 339		2 927	48 711	1 708
1981	63 307	38 350	17 950		7 007	57 475	5 832
1982	89 548	55 718	25 738		8 092	82 952	6 596
1983	76 170	42 910	25 384		7 876	70 696	5 474
1984	94 221	47 501	28 129		18 591	77 733	16 488
1985	147 170	80 020	33 245		33 905	117 736	29 434
1986	159 219	68 492	50 040		40 687	124 389	34 830
1987	178 603	74 227	55 940		48 436	136 600	42 003
1988	217 835	71 483	94 728		51 624	173 469	44 366
1989	205 241	67 565	77 309		60 367	155 427	49 814
1990	216 238	79 309	75 428	13 330	48 171	177 090	39 148
1991	326 169	109 367	121 351	21 361	74 090	269 825	56 344
1992	397 974	154 036	126 354	23 247	94 337	316 689	81 285
1993	699 518	208 663	208 362	123 439	159 054	581 632	117 886
1994	1 025 416	297 727	303 045	228 793	195 851	859 504	165 912
1995	1 313 339	462 439	355 117	285 668	210 115	942 651	370 688
1996	1 552 219	503 830	510 033	280 966	257 390	1 130 337	421 882
1997	1 840 201	680 093	584 590	313 099	262 419	1 369 486	470 715
1998	2 260 168	796 251	669 160	510 104	284 653	1 563 453	696 715
1999	2 389 621	905 345	455 901	722 081	306 294	1 573 525	816 096
2000	2 391 121	870 495	473 879	639 113	407 634	151 432	876 779
2001	2 639 050	966 985	557 644	661 466	452 955	1 656 993	982 057
2002	2 918 976	1 050 391	603 584	683 395	581 606	1 642 669	1 276 307
2003	3 616 524	1 358 986	799 505	700 700	757 333	1 784 174	1 832 350
2004	4 350 794	1 400 868	884 358	1 076 812	988 756	2 408 162	1 942 632

5-2 全市固定资产投资完成情况

（2004 年）　　　　单位：万元

	合计	基本建设	更新改造	其他投资	房地产投资	农村非农户	农村私人	城镇私人	个私经济
本年度完成额	4 350 794	1 400 868	884 358	337 799	1 076 812	84 527	94 258	34 670	437 502
#住宅	1 035 987	55 728	6 918	9 174	858 445	5 982	75 450	24 290	
内资企业	3 572 928	1 313 930	866 429	301 457	1 010 481	80 631			
#国有	1 670 547	1 163 366	445 606	19 579	35 893	6 103			
港澳台商投资企业	188 845	80 926	17 679	28 521	61 497	222			
外商投资企业	18 159	6 012	250	7 063	4 834				
其他	570 862			758		3 674	94 258	34 670	437 502
新增固定资产	2 660 782	733 576	529 895	175 920	573 917	81 044	94 258	34 670	437 502
本年施工面积（平方米）	18 062 816	3 619 143	716 477	705 834	10 035 499	676 882	1 761 314	547 667	
#住宅	12 570 745	1 221 639	193 592	80 411	8 997 263	106 387	1 470 308	501 145	
本年竣工面积（平方米）	8 934 377	1 659 280	173 689	479 666	3 662 582	650 139	1 761 314	547 667	
#住宅	6 063 785	555 077	33 658	45 745	3 357 555	100 387	1 470 308	501 145	

5－3 全市基本建设、更新改造、其他投资、房地产投资主要指标

（2004年）　　单位：个、万元

	合计	基本建设	更新改造	其他投资	房地产开发
一、项目个数					
本年施工项目个数	1 303	380	523	400	
#本年新开工项目个数	754	210	310	234	
本年投产项目个数	559	142	230	187	
二、投资额和新增固定资产					
计划总投资	13 352 587	6 579 838	2 131 232	904 028	3 737 489
本年计划投资	3 914 202	1 718 748	949 744	324 939	920 771
本年完成投资	3 699 837	1 400 868	884 358	337 799	1 076 812
#国有经济	2 408 162	1 360 394	853 777	70 623	123 368
#住宅	930 265	55 728	6 918	9 174	858 445
按构成分					
1．建筑工程	1 997 313	888 814	257 383	139 102	712 014
2．安装工程	165 236	46 515	60 158	13 838	44 725
3．设备、工具器具购置	840 737	258 200	476 849	100 190	5 498
4．其他费用	696 551	207 339	89 968	84 669	314 575
按建设性质分					
1．新建	2 307 647	959 366	11 460	260 009	1 076 812
2．扩建	741 344	260 828	457 983	22 533	
3．改建	513 998	139 148	350 242	24 608	
4．其它	136 848	41 526	64 673	30 649	
按国民经济主要行业分					
A．农林牧渔业	42 219	25 250	691	16 278	
B．采矿业	36 820	7 119	3 455	26 246	
C．制造业	516 578	130 970	273 241	112 367	
D．电力、燃气及水生产和供应业	282 775	247 392	33 742	1 641	
E．建筑业	9 237	9 177		60	
F．交通运输、仓储及邮政业	497 062	321 027	144 481	31 554	
G．信息传输计算机服务和软件业	408 718	141 524	267 194		
H．批发和零售业	52 736	4 957	6 487	41 292	
I．住宿和餐饮业	14 652	4 424	103	10 125	
J．金融业	27 527	80	16 089	11 358	
K．房地产业	1 093 934	7 246		9 876	1 076 812
L．租赁和商务服务业	36 359	17 773	6 086	12 500	
M．科学研究、技术服务和地质勘查业	13 448	12 766	682		
N．水利、环境和公共设施管理业	456 066	315 360	123 243	17 463	
O．居民服务和其他服务业	10 051	1 635		8 416	
P．教育	50 319	46 250	2 186	1 883	
Q．卫生、社会保障和社会福利业	28 803	23 779	2 655	2 369	
R．文化、体育和娱乐业	34 499	7 081	1 575	25 843	
S．公共管理和社会组织	88 034	77 058	3 130	7 846	
T．国际组织					
本年新增固定资产	2 013 308	733 576	529 895	175 920	573 917

注：此表不含农村非农户、城乡私人及个私经济数据。

续 5－3

单位：万元、平方米

	合计	基本建设	更新改造	其他投资	房地产开发
三、资金来源（财务拨款）					
（一）本年资金来源小计	5 145 949	1 835 485	983 180	378 840	1 948 444
1．上年末结余资金	583 122	180 074	85 566	24 587	292 895
2．本年资金来源	4 562 827	1 655 411	897 614	345 253	165 549
（1）国家预算内资金	213 648	192 144	12 469	6 665	2 370
（2）国内贷款	1 288 112	772 425	222 492	48 752	244 443
（3）债券					
（4）利用外资	38 837	23 951	4 337	2 830	7 719
（5）自筹资金	1 865 935	605 784	608 639	278 038	37 374
（6）其他资金	1 156 295	61 107	49 677	17 968	1 027 543
（二）各项应付款合计	948 014	332 192	136 355	86 298	393 169
#工程款	391 851	169 695	39 581	29 205	153 370
设备、器材款	197 258	84 863	58 741	38 803	14 851
四、房屋建筑面积					
施工面积	15 076 953	3 619 143	716 477	705 834	10 035 499
#住宅	10 492 905	1 221 639	193 592	80 411	8 997 263
竣工面积	5 975 217	1 659 280	173 689	479 666	3 662 582
#住宅	3 992 035	555 077	33 658	45 745	3 357 555

5－4　全市农村非农户投资完成情况

（2004 年）　　　　单位：万元、个、平方米

	合计		合计
一、计划总投资	92 582	#：本年新开工	621
#：本年新开工项目自开始		全投项目个数	614
建设累计完成投资	87 036	五、施工面积	676 882
本年计划投资	37 290	#：住宅	106 387
二、自年初累计完成投资	84 527	竣工面积	650 139
#：国有经济控股	7 123	#：住宅	100 387
#：住宅	5 982	六、资金来源合计	86 194
#：市县	4 716	1．上年末结余资金	143
#：县	4 624	2．本年资金来源小计	86 051
1．按登记注册类型：		（1）国家预算内资金	3 738
内资企业	80 631	（2）国内贷款	1 387
国有企业	6 103	（3）债　券	
集体企业	30 112	（4）利用外资	
股份合作企业	4 115	#：外商直接投资	
联营企业		对外借款	
国有联营企业		#：统借统还	
集体联营企业		（5）自筹资金	66 566
国有集体联营		中央各部门自筹	
其他联营企业		省自筹	448
有限责任公司	12 420	地（市）自筹	351
国有独资公司		县自筹	1 517
其他有限责任公司	12 420	企、事业单位自有资金	64 250
股份有限公司	8 325	#：发行股票	
私营企业	16 142	（6）其他资金来源	14 360
其他企业	3 414	#：集资	10 947
港澳台商投资企业	222	七、各项应付款合计	4 184
合资经营企业（港澳台）		#：工程款	3 569
合作经营企业（港澳台）		设备款	300
港澳台独资经营	62	八、按行业：	
港澳台投资股份有限	160	A 农林牧渔业	2 933
外商投资企业		B 采矿业	375
中外合资经营		C 制造业	14 133
中外合作经营		D 电力、燃气及水生产和供应	
外资企业		E 建筑业	135
外商投资股份有限		F 交通运输、仓储及邮政业	5 897
个体经营	3 674	G 信息传输计算机服务和软件业	
个体户	3 169	H 批发和零售业	18 582
个体合伙	505	I 住宿和餐饮业	1 308
2．按构成：		J 金融业	
建筑工程	64 326	K 房地产业	6 976
安装工程	1 983	L 租赁和商务服务业	5 757
设备、工器具购置	11 310	M 科学研究、技术服务和地质勘察业	72
用于更新设备	3 015	N 水利、环境和公共设备管理业	12 732
其他费用	6 908	O 居民服务和其它服务业	580
3．按性质：		P 教育	7 174
（1）新　建	59 507	Q 卫生、社会保障和社会福利业	210
（2）扩　建	16 378	R 文化、体育和娱乐业	2 092
（3）改　建	4 617	S 公共管理和社会组织	5 571
三、本年新增固定资产	81 044	T 国际组织	
四、施工项目个数	671		

5-5 全市固定资产投资按经济类型分组完成情况

单位：万元

	2001年	2002年	2003年	2004年
投资总额	**2 639 050**	**2 918 976**	**3 616 524**	**4 350 794**
1．国有单位	1 656 993	1 642 669	1 784 174	1 664 444
基本建设	912 901	979 347	1 141 165	1 163 366
更新改造	470 182	480 964	501 136	445 606
其它投资	20 995	29 064	28 440	19 579
房地产投资	252 915	153 294	113 433	35 893
2．集体单位	89 712	134 109	116 352	104 514
城镇集体	11 194	13 358	18 690	19 987
农村非农户	78 518	120 751	97 662	84 527
3．个私单位	277 671	357 025	478 855	566 430
城镇私人建房	63 081	26 362	52 618	34 670
农村私人建房	75 952	90 663	102 161	94 258
个体私营经济	138 638	240 000	324 076	437 502
4．其它单位	614 674	785 173	1 237 143	2 015 406

5-6 全市固定资产投资构成分组

单位：万元、个、平方米

	2001 年	2002 年	2003 年	2004 年
一、投资总额	2 639 050	2 918 976	3 616 524	4 350 794
1．按构成分				
建筑工程	1 508 628	1 500 828	1 634 733	1 997 313
安装工程	114 365	133 842	152 045	165 236
设备、工具器具购置	653 950	534 891	870 353	840 737
其它费用	362 107	749 415	959 393	1 347 508
2．按建设性质分				
新建	1 442 191	1 367 810	2 220 383	2 307 647
扩建	477 226	577 253	856 469	741 344
改建	431 993	455 194	436 209	513 998
其它	287 640	518 719	103 463	787 805
3．按国民经济行业分				
# 农业	37 860	63 053	48 456	42 219
工业	430 373	650 890	703 563	836 173
教育	97 542	92 578	79 826	50 319
二、新增固定资产	2 010 985	1 973 274	2 211 046	2 660 782
三、施工项目个数	1 180	1 615	1 255	1 974
# 本年新开工	623	1 091	661	1 375
投产项目个数	648	1 085	574	1 173
四、施工房屋面积	16 626 884	15 956 954	16 478 088	18 062 816
# 住宅	10 801 773	10 394 039	10 847 524	12 570 745
竣工房屋面积	8 800 892	9 448 320	9 046 515	8 934 337
# 住宅	6 371 306	6 652 296	6 306 817	6 063 875

注：此表“施工项目个数”含农村非农户投资项目个数。

5－7 全市基本建设投资完成情况

（2004 年）

单位：万元

	本年完成投资		按构成分					按建设性质分			
		住宅	建筑工程	安装工程	设备、工器具购置	其他费用	土地购置费	新建	扩建	改建	其他
合　计	**1 400 868**	**55 728**	**888 814**	**46 515**	**258 200**	**207 339**	**43 808**	**959 366**	**260 828**	**139 148**	**41 526**
不分地区	537 890		322 564	17 070	144 901	53 355	706	443 624	12 154	63 212	18 900
五华区	49 721	2 496	39 139	1 023	6 779	2 780		37 665	11 204		852
盘龙区	167 507	29 067	123 615	6 802	11 153	25 937	5 000	118 130	29 125	9 723	10 529
官渡区	250 653	7 976	190 061	685	4 050	55 857	21 505	104 049	139 164	6 740	700
西山区	97 410	1 437	61 931	1 966	4 474	29 039	4 041	28 038	36 236	32 636	500
东川区	27 526	1 483	22 417	464	2 603	2 042	1 239	5 636	3 213	18 677	
呈贡县	14 744	1 260	8 917	197	4 432	1 198	688	14 112	306		326
晋宁县	11 815	352	6 946	471	3 761	637	213	5 853	208	1 326	4 428
安宁市	145 311	4 061	38 821	15 349	71 215	19 926	7 220	142 065	767	2 479	
富民县	5 153	672	4 304	120	270	459	230	2 536	2 617		
宜良县	24 421	2 408	17 068	180	457	6 716	861	199	17 662	4 152	2 408
石林县	15 594	663	10 800	56	1 162	3 576	1 052	12 712	858		2 024
嵩明县	8 409	1 902	7 459	214	327	409	80	7 347		203	859
禄劝县	33 191	1 213	26 454	1 820	283	4 634	452	28 291	4 900		
寻甸县	11 523	738	8 318	98	2 333	774	521	9 109	2 414		

5－8 全市更新改造投资完成情况

（2004 年）

单位：万元

	本年完成投资	住宅	按构成分					按建设性质分			
			建筑工程	安装工程	设备、工器具购置	其他费用	土地购置费	新建	扩建	改建	其他
合　计	**884 358**	**6 918**	**257 383**	**60 158**	**476 849**	**89 968**	**37 815**	**11 460**	**457 983**	**350 242**	**64 673**
不分地区	277 377		42 355	18 052	209 795	7 175			255 551	21 826	
五华区	65 692		26 820	2 216	18 125	18 531	1 883	2 182	5 597	42 470	15 443
盘龙区	122 580		21 638	9 345	86 283	5 314			72 110	7 717	42 753
官渡区	131 035	566	67 120	6 484	26 672	30 759	18 650	6 267	18 493	104 632	1 643
西山区	101 547	59	45 292	9 669	24 123	22 463	17 204		14 660	82 273	4 614
东川区	3 956		1 018	672	2 165	101				3 956	
呈贡县	65 145		8 145	6 084	49 765	1 151			63 845	1 300	
晋宁县	5 704		2 663	58	2 840	143	65		660	4 824	220
安宁市	92 490	6 085	27 677	7 354	53 397	4 062		3 011	22 088	67 391	
富民县	1 124	8	993	5	4	122	13		1 051	73	
宜良县	7 120		4 949	126	2 011	34			3 640	3 480	
石林县	2 117		1 000	66	1 045	6				2 117	
嵩明县	5 478	200	5 428	20	30				288	5 190	
禄劝县	743		35	7	594	107				743	
寻甸县	2 250		2 250						2 250		

5－9　全市其他投资完成情况

（2004 年）

单位：万元

	本年完成投资		按构成分					按建设性质分			
		住宅	建筑工程	安装工程	设备、工器具购置	其他费用	土地购置费	新建	扩建	改建	其他
合　计	**337 799**	**9 174**	**139 102**	**13 838**	**100 190**	**84 669**	**65 369**	**260 009**	**22 533**	**24 608**	**33 649**
不分地区											
五华区	628		450		178				628		
盘龙区	18 995		583		18 255	157		200	251	293	18 251
官渡区	140 850	4 681	60 325	1 881	9 585	69 059	59 255	133 782	4 692	776	1 600
西山区	11 242	15	7 302	174	2 227	1 539	250	8 367	569	1 669	637
东川区	10 557	24	5 782	228	4 041	506	102	6 419	200	3 383	555
呈贡县	2 788	215	1 510	200	910	168	168	208	1 680	900	
晋宁县	17 189	60	3 926	4 445	7 887	931	691	15 188		270	1 731
安宁市	30 490	337	10 470	2 306	16 265	1 449	154	20 916	5 434	3 389	751
富民县	9 658		8 140	100	1 198	220	200	6 782	600	1 918	358
宜良县	17 120	2 069	9 409	636	6 675	400	350	1 100	5 829	8 122	2 069
石林县	15 649	495	8 228	100	4 210	3 111	2 236	13 289	1 000	360	1 000
嵩明县	17 371	1 168	7 384	1 280	7 300	1 407	336	14 242	420	2 314	395
禄劝县	4 577		2 797		761	1 019		661		674	6 242
寻甸县	40 685	110	12 796	2 488	20 698	4 703	1 627	38 855	1 230	540	60

5－10　全市房地产投资完成情况

（2004 年）　　　　单位：万元

	本年完成投资	按构成分					按工程用途分					
		建筑工程	安装工程	设备、工器具购置	其他费用	# 土地购置费	住宅	# 别墅、高档公寓	# 经济适用房	办公楼	商业营业用房	其他
合　计	**1 076 812**	**712 014**	**44 725**	**5 498**	**314 575**	**215 167**	**858 445**	**163 892**	**55 848**	**17 062**	**55 909**	**145 396**
五华区	307 275	180 489	17 887	644	108 255	80 807	191 044	33 238	44 646	10 483	9 825	95 923
盘龙区	186 945	132 063	8 190	2 181	44 511	23 842	147 326	19 091		1 264	25 374	12 981
官渡区	310 584	199 017	6 468	724	104 375	71 788	281 155	15 597	8 747	4 135	11 314	13 980
西山区	222 426	166 094	10 733	739	44 860	33 732	194 047	82 181		834	7 683	19 862
东川区	2 534	300			2 234	1 984	2 534					
呈贡区	22 827	17 168	1 153	1 182	3 324	411	20 712	13 746		315		1 800
晋宁县												
安宁市	12 867	10 273	40		2 554		12 747					120
富民县	5 796	3 381	254	23	2 138	380	4 683				405	708
宜良县	4 368	2 386		5	1 977	1 896	3 397	39	1 915	31	918	22
石林县	650	303			347	327	260				390	
嵩明县	60	60					60		60			
禄劝县												
寻甸县	480	480					480		480			

5-11 全市分县（市）区农村非农户投资完成情况

（2004 年）　　　　单位：万元

	本年完成投资	住宅	按构成分					按建设性质分			
			建筑工程	安装工程	设备、工器具购置	其他费用	土地购置费	新建	扩建	改建	其他
合　计	**84 527**	**5 982**	**64 326**	**1 983**	**11 310**	**6 908**	**2 170**	**59 507**	**16 378**	**4 617**	**4 025**
五华区	3 771		1 035	122		2 614		888	2 724	159	
盘龙区	6 438	3 495	5 970	68	361	39		6 216	50		172
官渡区	46 637	976	33 767	1 084	9 135	2 651	1 655	37 981	3 022	1 836	3 798
西山区	7 852	200	6 710	592	269	281	24	6 609	690	498	55
东川区	2 003	192	1 254		140	609	91	1 229		774	
呈贡县	1 053	722	928		54	71		1 053			
晋宁县	1 243	5	534	6	402	301	100	1 146	97		
安宁市	873		535	106	230	2			598	275	
富民县	851		851					577	178	96	
宜良县	8 450	165	8 026		424				8 285	165	
石林县	367		367					267		100	
嵩明县	4 459	227	4 119	5	295	40		3 069	734	656	
禄劝县	130		130					72		58	
寻甸县	400		100			300	300	400			

5－12　全市分县（市）区固定资产投资项目情况

（2004年）　　　　　　　　　　　　单位：个

	施工项目	#新开工	投产项目
合　计	**1 974**	**1 376**	**1 173**
不分地区	62	27	8
五华区	162	141	107
盘龙区	90	43	37
官渡区	326	180	196
西山区	262	167	130
东川区	69	61	22
呈贡县	22	14	9
晋宁县	71	43	10
安宁市	176	116	54
富民县	112	106	101
宜良县	213	203	207
石林县	66	28	37
嵩明县	212	179	181
禄劝县	80	17	23
寻甸县	51	51	51

注：此表含农村非农户投资项目个数。

5-13 基本建设房屋建筑面积

（2004年）　　　　单位：平方米、元/平方米

	本年施工面积	#本年新开工	本年竣工面积	本年竣工价值	单位面积造价
合　计	**3 619 143**	**835 413**	**1 659 280**	**170 027**	**1 025**
1．住宅	1 221 639	407 981	555 077	44 183	796
2．厂房	171 321	44 341	76 672	8 655	1 129
3．仓库	43 168	10 728	37 168	3 330	896
4．商业营业用房	339 377	22 778	288 116	40 210	1 396
5．服务业用房	39 125	21 166	17 170	1 867	1 087
6．办公室	385 863	79 437	136 574	18 352	1 344
7．教育用房	381 486	129 450	215 956	30 568	1 415
8．文化体育用房	50 355	2 100	3 856	479	1 242
9．医疗用房	96 679	46 746	25 551	3 392	1 328
10．科学实验研究用房	49 062	1 611	1 611	129	801
11．其他	841 068	69 075	301 529	18 862	626
其中：业务用房	104 936	34 386	22 587	1 773	785

5－14　更新改造房屋建筑面积

（2004年）　　　　单位：平方米、元/平方米

	本年施工面积	# 本年新开工	本年竣工面积	本年竣工价值	单位面积造价
合　计	**716 477**	**133 775**	**173 689**	**19 111**	**1 100**
1．住宅	193 592	10 837	33 658	1 749	520
2．厂房	316 871	14 392	43 122	5 309	1 231
3．仓库	24 096	24 096	24 096	2 093	869
4．商业营业用房	58 615	28 368	28 368	2 875	1 013
5．服务业用房	1 396	1 396	1 396	99	709
6．办公室	2 061	2 061	2 061	197	956
7．教育用房	11 420	11 420			
8．文化体育用房	23 354	17 154	9 550	3 317	3 473
9．医疗用房	13 900		7 900	1 239	1 568
10．科学实验研究用房	20 186	1 172			
11．其他	50 986	22 879	23 538	2 233	949
其中：业务用房	15 201	15 201	86	3	349

5－15 其他投资房屋建筑面积

（2004 年）

单位：平方米、元/平方米

	本年施工面积	# 本年新开工	本年竣工面积	本年竣工价值	单位面积造价
合　计	**705 834**	**282 688**	**479 666**	**38 199**	**796**
1．住宅	80 411	30 694	45 745	3 153	689
2．厂房	302 251	94 602	205 994	11 919	579
3．仓库	31 198	7 898	27 102	1 619	597
4．商业营业用房	122 897	54 609	109 693	11 930	1 088
5．服务业用房	27 822	10 340	18 780	2 173	1 157
6．办公室	30 929	22 205	23 699	1 584	668
7．教育用房	21 677	4 025	4 025	477	1 185
8．文化体育用房	2 000	2 000	2 000	150	750
9．医疗用房	4 809	800	4 809	362	753
10．科学实验研究用房	1 922	1 922	100	6	600
11．其他	79 918	53 593	37 719	4 826	1 279
其中：业务用房					

5－16 房地产开发面积

（2004年）　　　　单位：平方米、万元

	施工面积	#本年新开工	竣工面积	竣工价值
房屋建筑面积合计	**10 035 499**	**5 022 246**	**3 662 582**	**525 927**
1．住宅	8 997 263	4 414 143	3 357 555	475 871
其中：别墅、高档公寓	1 293 736	690 364	407 069	70 750
经济适用房	442 060	109 015	320 845	49 561
2．办公楼	236 489	119 422	76 024	19 546
3．商业营业用房	369 285	258 119	116 654	19 146
4．其他	432 462	230 562	112 349	11 364

5－17 农村私人房屋竣工面积及价值

(2004年)

	本年施工房屋面积（平方米）	本年新开工	本年竣工房屋面积（平方米）	本年竣工房屋价值（万元）	单位面积造价（元/平方米）
合　计	**1 761 314**	**1 761 314**	**1 761 314**	**75 450**	**428**
1. 住宅	1 470 308	1 470 308	1 470 308	69 437	472
2. 其他	291 006	291 006	291 006	6 013	207

5－18 城镇工矿区私人建房竣工面积及价值

(2004年)

	本年施工房屋面积（平方米）	本年新开工	本年竣工房屋面积（平方米）	本年竣工房屋价值（万元）	单位面积造价（元/平方米）
合　计	**547 667**	**547 667**	**547 667**	**28 916**	**528**
1. 住宅	501 145	501 145	501 145	24 290	485
2. 其他	46 522	46 522	46 522	4 626	994

5-19 农村非农户房屋面积及造价

（2004年）　　　　单位：平方米、元/平方米

	本年施工面积	#本年新开工	本年竣工面积	本年竣工价值	单位面积造价
合　计	**676 882**	**622 019**	**650 139**	**43 322**	**666**
1. 住宅	106 387	96 870	100 387	4 853	483
2. 厂房	99 980	69 668	97 755	4 781	489
3. 仓库	84 034	82 229	76 834	3 006	391
4. 商业营业用房	267 068	259 395	264 395	20 984	794
5. 服务业用房	14 797	14 297	13 297	1 173	882
6. 办公室	24 127	22 709	24 127	1 810	750
7. 教育用房	41 002	41 034	38 833	3 964	1 021
8. 文化体育用房	5 584	5 584	1 208	100	828
9. 医疗用房					
10. 科学实验研究用房	1 100	1 100	1 100	55	500
11. 其他	32 803	29 133	32 203	2 596	806
其中：业务用房	3 968	1 478	3 968	375	945

5－20 农村私人投资

（2004年）

	计量单位	实际完成
1．全年建房户数	户	12 500
2．全年竣工房屋间数	间	65 782
其中：住宅	间	59 929
3．全年竣工房屋建筑面积	平方米	1 761 314
其中：住宅	平方米	1 470 308
4．全年竣工房屋投资	万元	75 450
其中：住宅	万元	69 437
5．购买生产性固定资产的投资	万元	18 808

5-21 城镇工矿区私人建房投资情况

（2004年）

	城镇工矿区数（个）	竣工面积合计（平方米）	其中：住宅（平方米）	竣工房屋投资（万元）	竣工价值合计（万元）	其中：住宅（万元）	建房户数（户）
总　计	**33**	**547 667**	**501 145**	**34 670**	**28 916**	**24 290**	**3 659**
其中：农业户建房		316 336	305 725	17 739	15 186	14 819	2 502
1．市							
其中：农业户建房							
2．县城	4	130 760	95 248	11 658	7 747	5 245	624
其中：农业户建房		68 221	65 515	5 245	3 556	3 482	404
3．镇	25	391 183	381 221	21 598	19 796	19 045	2 812
其中：农业户建房		248 115	240 210	12 494	11 630	11 337	2 098
4．工矿区	4	25 724	24 676	1 414	1 373	0	223
其中：农业户建房							

5－22 基本建设生产能力汇总

（2004 年）

	单位	全部规模	本年规模	# 新开工	累计新增	# 本年
铁矿开采（原矿）	万吨/年	2	0.1	0.1	0.1	0.1
生铁	万吨/年	8	8	8	8	8
磷矿开采	万吨/年	15	11	11	11	11
水力发电	万千瓦	17.19	17.19	14.19	2.76	2.76
火力发电	万千瓦	120	120	120	60	
输电线路长度（11 万伏及以上）	公里	6 300.66	5 122.1	4 302.35	1 842.88	
变电设备能力（11 万伏及以上）	万千伏安	774.65	545.65	368.2	358.6	125.6
石墨及炭素制品	吨/年	10 000	10 000	10 000	10 000	10 000
硫　酸	吨/年	1 100 000	1 100 000	300 000	1 100 000	
烧碱	吨/年	100 000			100 000	
合成氨	吨/年	500 000	2 000	2 000	2 000	2 000
磷肥	吨/年	900 000	400 000	400 000	900 000	400 000
塑料树脂及共聚物	吨/年	100 000			100 000	
增建铁路第二线交付运营里程	公里	121.9	121.9	121.9		
新建公路	公里	423.66	297.66	100.2	217.2	97.2
其中：高速公路	公里	219.6	156.6		57	
二级公路	公里	103.86	40.86		63	
改建公路	公里	227.7	227.7	224	167.7	164
一级公路	公里	20	20	20		
二级公路	公里	23	23	23	23	23
新建独立公路桥梁	延长米	20	20	20	20	20
新建独立公路桥梁	座	1	1	1	1	1
造林面积	万亩	3 241	303.02	303.02	1 658.42	303.02
水库容量（总库容）	亿立方米	9.45	9.45	0.02	9.25	9.25
有效灌溉面积	万亩	4.2	4.2	1	1	1
商业冷藏库	万吨	0.04	0.04			

续 5-22

	单位	全部规模	本年规模	# 新开工	累计新增	# 本年
高等院校：学生席位	个	6 145	5 905	5 689		
建筑面积	平方米	337 172	325 172	208 724	88 406	88 406
中等学校：学生席位	个	9 767	9 767	9 467	6 567	6 567
建筑面积	平方米	88 060	85 645	78 116	69 776	67 361
小学校：学生席位	个	900	400	400	900	400
建筑面积	平方米	32 461	25 601	25 601	29 161	22 301
其他学校：学生席位	个	300			300	
建筑面积	平方米	2 415			2 415	
公共图书馆：藏书量	万册	233			233	
阅览室座席	个	1 013			1 013	
建筑面积	平方米	31 500	1 756		31 500	1 756
医院病床	张	1 477	1 393	1 093	84	
城市自来水供水能力	万吨	44.02	44.02	4.02	4.02	4.02
城市自来水管道长度	公里	96.82	96.82	3.42	3.42	3.42
城市道路扩建长度	公里	56.49	50.06	16.33	11.67	11.67
城市道路扩建面积	万平方米	433.05	404.09	60.36	65.32	65.23
城市排水管道铺设长度	公里	43	43		13	
城市污水处理能力	万吨	9	7.5		9	
城市永久性桥梁	座	1	1	1		
城市防洪堤长度	公里	8	8	8		
移动通信基站设备	个/年	5 740	980	927	5 740	980

5－23　更新改造生产能力汇总

（2004年）

	单位	全部规模	本年规模	#新开工	累计新增	#本年
焦炭	万吨/年	110	110	110	110	110
生铁	万吨/年	76	25	25	45	15
炼钢	万吨/年	70	50	50	70	50
转炉钢	万吨/年	70	50	50	70	50
热轧钢材	万吨/年	110	90	90	110	90
冷加工钢材	万吨/年	25	20	20	25	20
铜采矿（原矿）	万吨/年	2	2	2	2	2
铜冶炼	吨/年	243 000	15 000		58 000	
其中：电解铜	吨/年	243 000	15 000		58 000	
锌冶炼	吨/年	50 000	40 000		30 000	30 000
其中：电解锌	吨/年	50 000	40 000		30 000	30 000
电解铝	吨/年	200 000	180 000	180 000	200 000	180 000
水力发电	万千瓦	0.3	0.3	0.3	0.3	0.3
其他发电	万千瓦	2	2	2	2	2
变电设备能力（11万伏及以上）	万千伏安	11	11			
水泥	万吨/年	187	177	30	177	30
硫　酸	吨/年	695 000	635 000	15 000	615 000	615 000
电石	吨/年	5 000	5 000	5 000	5 000	5 000
合成氨	吨/年	20 000				
磷肥	吨/年	1 800 000	1 747 000	1 627 000	367 000	327 000
中成药	吨/年	2 007	925	925	925	925
金属切削机床制造	台/年	100	100	100	100	100
电子计算机	部/年	2 500				

续 5－23

	单位	全部规模	本年规模	# 新开工	累计新增	# 本年
化学纤维	吨/年	19 500	15 823	15 823		
改建公路	公里	17.6	13.83	13.83	5.6	1.83
水库容量（总库容）	亿立方米	0.05	0.05	0.05		
有效灌溉面积	万亩	2.34	0.82	0.82	2.34	0.82
高等院校：学生席位	个	1 400	1 400	1 400		
建筑面积	平方米	30 434	30 434	30 434		
医院病床	张	290	190	190	290	190
城市自来水供水能力	万吨/日	0.5	0.5	0.5	0.5	0.5
城市自来水管道长度	公里	53.29	53.29	24.73	33.48	5.73
城市公共交通车辆购置	辆	46	46	46	46	46
城市道路扩建长度	公里	60.17	56.29	48.09	24.11	18.83
城市道路扩建面积	万平方米	229.6	210.09	178.28	88.34	57.98
城市排水管道铺设长度	公里	38.35	38.35	12.6	15.75	12.6
城市污水处理能力	万吨/日	6.5	6.5		6.5	6.5
数控机床	台/年	50	50	50	50	50
移动通信基站设备(指安装能力)	个/年	991	991	991	991	991
程控交换机(指安装能力)	万线/年	109.5	109.5	109.5	109.5	109.5

5-24 其他投资生产能力汇总

（2004 年）

	单位	全部规模	本年规模	#新开工	累计新增	#本年
原煤开采	万吨/年	10	10	10	10	10
洗煤	万吨/年	3	3	3	3	3
焦炭	万吨/年	17	17	17	17	17
铁矿开采（原矿）	万吨/年	4	4	4	2	2
铁矿石成品矿	万吨/年	300.22	300.22	300.22	300.22	300.22
生铁	万吨/年	23.5	23.5	23.5	3.5	3.5
炼钢	万吨/年	260	260	260		
铁合金	万吨/年	3	3	1	3	1
冷加工钢材	万吨/年	10	10	10	10	10
中厚钢板	万吨/年	10	10	10	10	10
铜采矿（原矿）	万吨/年	2	2	2	2	2
铜冶炼	吨/年	13 300	3 300	3 300	800	800
其中：电解铜	吨/年	2 500	2 500	2 500		
锌冶炼	吨/年	2 000	2 000	2 000		
磷矿开采	万吨/年	10.5	9.3	9.3	8.5	7.3
其他发电	万千瓦	2	2	2	2	2
水泥	万吨/年	116	116	56	86	86
石墨及炭素制品	吨/年	19 000	19 000	19 000	8 000	8 000
磷肥	吨/年	14 800	12 800	12 800	1 500	
冰醋酸	吨/年	8 000	8 000	8 000	8 000	8 000
塑料树脂及共聚物	吨/年	4 000	4 000		4 000	
中成药	吨/年	530	530	530	530	530
机制糖	年生产糖：吨	4 600	4 600		4 600	4 600
机制糖	日处理原料：吨	13	13		13	13
其他乳制品	吨/年	160.6	160.6	160.6	160.6	160.6
啤酒	万吨/年	2.5	2.5	2.5	2.5	2.5
商业冷藏库	万吨	1.8	1.8	1.8	1.8	1.8
中等学校：学生席位	个	915	915	915	915	915
建筑面积	平方米	19 600	19 600	19 600	19 600	19 600
小学校：学生席位	个	800	800	800	800	800
建筑面积	平方米	2 525	2 525	2 525	2 525	2 525
公共图书馆建筑面积	平方米	4 009	4 009	4 009	4 009	4 009
医院病床	张	550	550	550	550	550
城市自来水管道长度	公里	2.5	1	1	2.5	1
城市污水处理能力	万吨/日	5	5	5	5	5

5－25　农村非农户生产能力汇总

（2004年）

	单位	全部规模	本年规模	#新开工	累计新增	#本年
新建公路	公里	51	51	51	51	51
改建公路	公里	14	14	10	14	10
有效灌溉面积	万亩	1.35	1.35	1.35	1.35	1.35
小学校：学生席位	个	3 040	3 040	3 040	3 040	3 040
建筑面积	平方米	8 667	8 667	8 667	8 667	8 667
城市道路扩建长度	公里	1	1	1	1	
铁矿选矿处理量	万吨/年	0.3	0.3	0.3	0.3	0.3

主要统计指标解释

固定资产投资 固定资产投资是建筑和购置固定资产经济活动，即固定资产再生产活动。固定资产再生产过程包括固定资产更新（局部更新和全部更新）、改建、扩建、新建等活动。新的企业财务会计制度规定，固定资产局部更新的大修理作为日常生产活动的一部分，发生的大修理费用直接在成本费用中列支。按照现行投资管理体制及有关部门的规定，凡属于大修理、养护、维护性质的工程（如设备大修、建筑物的翻修和加固、农田水利工程和堤防、水库的大修、铁路大修等）都不纳入固定资产投资管理，也不作为固定资产投资统计。

固定资产投资属于实物投资的一部分，这一点区别于金融投资。固定资产投资的目的是建造和购置固定资产，它的承担物表现为机器、设备、建筑物等固定资产。而金融投资（如股票和债券投资）则表现为金融资产的增加。

固定资产投资是国民经济再生产活动的一个重要部分。通过固定资产投资，可以扩大社会再生产的规模，提高社会生产的技术水平，调整经济结构，改变生产力的地区分布，增强国家的经济实力，提高和改善人民物质和文化生活水平。

固定资产投资额（又称固定资产投资完成额） 是以货币形式表现的在一定时期内建造和购置固定资产的工作量以及与此有关的费用的总称。没有形成工程实体的建筑材料和没有开始安装的设备，都不计算投资完成额。它是反映固定资产投资规模、结构和发展速度的综合性指标，又是观察工程进度和考核投资效果的重要依据。

基本建设 是指利用国家预算内拨款、自筹资金、国内外基本建设贷款以及其他专项资金进行的、以扩大生产能力（或新增工程效益）为主要目的的新建、扩建工程及有关的工作。具体包括以下的几个方面：

（1）为经济、科技和社会发展而平地起家的新建项目；

（2）为扩大生产能力（或新增效益）而增建分厂、主要生产车间、矿井、铁路干支线、码头泊位等扩建的项目；

（3）为改变生产力布局而进行全厂性迁建的项目；

（4）遭受各种灾害、事业单位的恢复性项目；

（5）没有折旧资金或固定收入的行政、事业单位增建业务用房和职工宿舍的项目。

更新改造 一般是指利用企业折旧资金，国家更新改造预算拨款，企业自有资金，国内外技术改造贷款等资金，对现有企、事业单位原有设施进行技术改造（包括固定资产更新）以及相应配套的辅助性、生活福利设施等工程和有关的工作。其目的是要在技术进步的前提下，通过采用新技术、新工艺、新设备、新材料，努力提高产品质量，增加花色品种，促进产品升级换代，降低能源和原材料消耗，加强资源综合利用和治理污染等，提高社会综合效益和实现以内涵为主的扩大再生产。具体包括：

（1）为了挖掘国民经济各部门潜力，提高综合经济效益，对现有企、事业单位在原车间、生产线的工艺，工程设施和技术装备进行技术改造相应配套的辅助性生产、生活福利设施；

（2）为了改善原有交通运输设施、港口码头的运输条件，提高运输，装卸能力而进行的更新改造工程；

（3）为了节约能源和原材料，治理“三废”污染或综合利用原材料而对现有企、事业单位进行的技术改造工程；

（4）为了防止职业病和人身事故，对现有建筑技术装备采取的劳动保护措施；

（5）对城市现有供热、供气、供排水和道路、桥涵等市政设施的改造；

（6）现有企、事业单位由于城市环境保护和安全生产的需要，而进行的迁建工程。

房地产开发 是指各种经济类型的房地产开发公司、商品房建设公司及其他房地产开发单位统一开发的商品住宅、厂房、仓库、饭店、宾馆、度假村、写字楼、办公楼等房屋建筑物和配套的服务设施，以及土地开发工程，如道路、给水、排水、供电、供热、通信、平整场地等工程。房地产开发统计不包括单纯的土地交易活动。房地产开发单位本身进行的固定资产投资活动，如自建自用的房屋、设备购置等，应作为基本建设、更新改造和其他投资的统计范围。

施工项目 指报告期内曾进行建筑安装施工活动的建设项目，包括报告期内新开工项目，报告期以前开工跨报告期继续施工的项目，报告期施过工并在报告期内全部建成投产或停缓建的项目。

全部建成投产项目 工业项目是指设计文件规定形成生产能力的主体工程及其相应配套的辅助设施全部建成，经负荷试运转，证明具备生产设计规定合格产品的条件，并经过验收鉴定合格或达到竣工验收标准，与生产性工程配套的生活福利设施可以满足近期正常生产的需要，正式移交生产的建设项目；非工业项目是指设计文件规定的主体工程和相应的配套工程全部建成，能够发挥设计规定的全部效益，经验收鉴定合格或达到竣工验收标准，正式移交使用的建设项目。

新增固定资产（又称交付使用的固定资产） 是指已经完成和购置过程结束，并已交付生产或使用单位的固定资产价值。

新增固定资产是表示固定资产投资成果的价值量指标，也是反映建设进度，计算固定资产投资效果的必要数据。

新增生产能力 指通过固定资产投资活动而增加设计能力或工程效益，它是用实物形态表示的固定资产投资的成果，新增生产能力的计算，是以能独立发挥生产能力或效益的单项工程（或项目）为对象，当单项工程（或项目）建成，经有关部门鉴定合格，正式移交投入生产，即可计算新增生产能力。

房屋建筑面积 是房屋建筑勒脚以上外墙外围的水平截面面积，包括房屋建筑的有效面积和结构面积。房屋建筑面积统计指标是从实物形态上反映建设规模和建设成果的重要指标，也是检查工程形象进度、计算工程造价、分析投资效果、研究施工任务与施工力量和建筑材料之间平衡情况的重要依据。

房屋施工面积 是指报告期内施工的全部房屋建筑面积，包括本期新开工的面积和上期开工跨入本期继续施工的房屋面积，以及上期已停建在本期恢复施工的房屋面积、本期竣工和本期施工后又停缓建的房屋，其建筑面积仍计入本期房屋施工面积中。

六、金融和财政

JINRONGHECAIZHENG

6－1　金融机构信贷运行情况

单位：万元

项目名称	年末余额			2004年比年初±%
	2002年	2003年	2004年	
资金来源总计	**11 371 610**	**14 288 066**	**16 379 548**	**15.03**
一、各项存款	14 691 225	17 702 638	21 623 711	20.51
（一）企业存款	6 024 969	7 140 478	9 601 395	29.93
1. 活期存款	4 883 198	5 812 586	7 595 138	25.09
2. 定期存款	1 141 771	1 327 892	2 006 257	52.23
（二）财政存款	435 573	460 144	730 511	18.03
（三）机关团体存款	979 784	1 229 377	1 325 553	6.89
（四）储蓄存款	5 970 108	7 085 278	8 261 054	16.59
1. 活期储蓄存款	2 298 443	2 794 632	3 381 188	20.99
2. 定期储蓄存款	3 671 665	4 290 645	4 879 866	13.73
（五）农村存款	411 597	512 886	683 164	33.20
（六）委托存款	－171 131	－174 127	70 728	
（七）其他存款	1 040 325	1 448 603	951 306	22.65
二、金融债券	133	－122 036	－267 464	123.10
三、应付及暂收款	189 737	199 338	216 715	8.66
#应付及预收利息	52 833	73 487	86 940	18.30
四、各项准备	59 990	73 252	180 394	141.88
#贷款呆帐准备金	59 873	73 252	139 166	86.60
五、所有者权益	206 086	230 121	248 621	8.16
#实收资本	77 422	119 775	141 094	17.76
当年结益	73 642	97 002	124 060	
六、其他	－3 775 562	－4 120 291	－5 950 104	

注：1. 增幅不能采用表中绝对数计算，以中国人民银行昆明中心支行公布数为准。

续 6－1

单位：万元

项目名称	年末余额			2004 年比年初 ± %
	2002 年	2003 年	2004 年	
资金运用总计	**11 371 610**	**14 288 066**	**16 379 548**	**15.03**
一、各项贷款	10 550 966	12 612 378	14 675 071	16.84
（一）短期贷款	5 576 958	6 036 149	6 542 751	8.52
1．工业贷款	1 848 409	1 902 044	2 198 972	14.81
2．商业贷款	1 241 336	1 144 906	1 061 587	－11.31
# 农副产品贷款	332 440	280 608	249 930	－10.93
3．建筑业贷款	225 913	302 215	284 544	－2.03
4．农业贷款	271 590	322 695	393 032	21.8
5．乡镇企业贷款	383 496	399 372	435 811	9.12
6．三资企业贷款	120 683	79 581	43 338	－48.92
7．私营及个体企业贷款	37 379	24 141	65 123	48.9
8．其他短期贷款	1 448 152	1 861 195	2 060 344	16.03
（二）中期流动资金贷款	987 284	1 150 527	1 218 300	5.52
（三）中长期贷款	3 457 293	4 537 830	5 992 764	31.97
1．基本建设贷款	1 635 833	1 963 690	2 444 138	23.41
2．技术改造贷款	152 184	190 495	126 856	－33.41
3．其他中长期贷款	1 669 276	2 383 645	3 421 770	44.38
（四）信托贷款	14 862	65 746	5 915	－91.00
（五）融资租赁		146	120	
（六）委托贷款	17 460	13 964	9 834	
（七）票据融资	417 612	736 558	842 079	23.08
（八）各项垫款	79 497	71 458	63 308	－11.41
二、有价证券及投资	426 092	783 309	766 153	－2.47
三、应收及预付款	234 781	172 678	184 591	6.16
四、委托投资	50 754	51 254	50 369	－1.73
五、金银占款	2 859			
六、库存现金	97 168	141 084	153 635	8.9
七、外汇占款		10 350	6 771	－34.8

6－2　金融机构现金收入情况

单位：万元

项目名称	实际数			
	2001 年	2002 年	2003 年	2004 年
收入总计	**23 607 961**	**31 245 070**	**32 373 144**	**37 487 721**
一、商品销售收入	3 438 455	3 995 532	4 045 285	3 996 174
二、服务业收入	1 378 862	1 618 615	1 742 511	1 923 804
三、税款收入	78 808	105 917	123 376	133 108
四、城乡个体经营收入	947 326	905 652	1 060 049	914 399
五、储蓄收入	14 724 846	21 822 001	22 559 061	27 558 245
六、其他金融机构收入	133 257	166 476	216 707	263 790
七、居民归还贷款收入	164 305	193 722	242 047	292 246
八、汇总收入	521 272	414 058	359 625	204 695
九、有价证券收入	268 322	163 216	238 877	262 904
十、其他收入	1 952 509	1 859 881	1 785 606	1 938 355
#兑换外币收入	36 523	13 329	8 621	12 828

6－3 金融机构现金支出情况

单位：万元

项目名称	实际数			
	2001 年	2002 年	2003 年	2004 年
支出总计	**22 308 812**	**29 970 633**	**31 207 841**	**36 069 977**
一、工资性支出	1 500 485	1 698 786	1 969 136	1 830 374
1．国家工资及奖金支出	732 988	795 587	939 086	772 189
2．国家对个人其他支出	419 509	462 378	513 349	490 052
3．部队存款支出	95 133	101 696	122 660	91 825
4．其他单位工资性支出	252 855	339 125	394 040	476 308
二、农副产品采购支出	528 819	541 104	603 674	692 115
三、工矿及其他产品采购支出	270 108	325 488	366 900	451 412
四、行政企事业管理费支出	1 281 036	1 604 864	1 568 566	1 564 341
五、城乡个人经营支出	739 460	889 406	1 085 990	1 158 573
六、储蓄机构支出	15 160 807	22 232 434	22 924 851	27 214 144
七、其他金融机构支出	52 410	92 356	107 748	192 218
八、居民提取贷款支出	162 996	205 412	272 458	219 599
九、汇兑支出	177 155	123 723	88 317	306 516
十、有价证券支出	143 337	143 782	165 821	197 512
十一、其他支出	2 292 200	2 113 278	2 054 380	2 243 172
#兑换外币支出	15 794	38 328	42 864	48 002
投放（+），回笼（-）	-1 299 149	-1 274 437	-1 165 303	-1 417 744
附：代发工资	716 203	689 020	771 424	945 895

6－4 财政收入

单位：万元

项　　目	2002 年	2003 年	2004 年
财政总收入	**1 207 160**	**1 351 480**	**1 850 235**
1．地方财政收入	572 277	629 478	856 414
#国有资产经营收益	614	516	2 728
国有企业计划亏损补贴	－7 316	－5 933	－3 103
行政性收费收入	7 829	11 044	20 099
其它收入	451	3 916	2 591
各项税收合计	507 356	549 545	651 867
其中：营业税	166 160	181 078	222 459
企业所得税	33 647	28 725	37 736
农业税	4 008	5 039	2 957
农业特产税	16 655	16 442	19 058
耕地占用税	5 767	8 513	7 483
2．上划中央“两税”收入	634 883	722 002	993 821

注：其中分项相加不等总数。

6-5 地方财政支出

单位：万元

	2002年	2003年	2004年
财政支出	**762 794**	**806 991**	**1 046 676**
#基本建设拨款	77 849	70 446	80 698
企业挖替改造资金	53 360	66 238	58 865
科技三项费金	10 891	10 230	9 601
农、林、水利、气象支出	21 809	55 341	60 236
文教、科学、卫生事业费	156 601	166 356	194 248
社会保障补助支出	58 043	44 889	56 473
行政管理费	69 023	78 527	99 706
城市维护费	48 813	52 337	59 554
专项支出	18 572	22 797	22 788
其它支出	22 779	27 440	30 475

6-6 分县（市）区地方财政收入

单位：万元

	地方财政收入		
	2002年	2003年	2004年
总　　计	**572 277**	**629 478**	**856 414**
市　　级	266 917	288 448	437 695
县（市）区小计	305 360	341 030	418 719
五华区	49 773	54 283	69 251
盘龙区	49 450	53 580	64 841
西山区	27 189	30 492	40 558
官渡区	75 723	81 325	98 661
东川区	4 113	4 588	5 601
呈贡县	7 755	9 250	12 403
晋宁县	8 188	8 942	9 673
安宁市	29 421	40 245	56 643
富民县	4 903	5 327	5 932
宜良县	15 255	16 535	18 139
石林县	9 797	10 404	10 705
嵩明县	8 775	9 266	10 052
禄劝县	7 464	8 876	7 796
寻甸县	7 554	7 917	8 464

6－7 分县（市）区地方财政支出

单位：万元

	地方财政支出		
	2002年	2003年	2004年
总　　计	**762 794**	**806 991**	**1 046 676**
市　　级	320 407	333 331	474 104
县（市）区小计	442 387	473 660	572 572
五 华 区	62 978	64 430	77 777
盘 龙 区	45 848	49 453	56 748
西 山 区	35 726	35 953	44 587
官 渡 区	66 623	65 648	83 134
东 川 区	25 096	27 478	36 958
呈 贡 县	16 009	16 562	20 046
晋 宁 县	16 072	17 807	20 461
安 宁 市	53 419	65 606	81 478
富 民 县	14 101	15 370	15 554
宜 良 县	21 759	21 404	25 359
石 林 县	16 573	16 953	21 396
嵩 明 县	19 136	20 730	24 327
禄 劝 县	23 816	26 923	31 081
寻 甸 县	25 231	29 343	33 666

主要统计指标解释

财政预算收入 包括中央财政和地方财政两部分。是指按国家预算科目规定，包括（1）工商税收类：指增值税、营业税、消费税、专项调节税、个人所得税、证券交易税、遗产税、土地增值税、外商投资企业和外国企业所得税、城市维护建设税、车船税、房产税、屠宰税、资源税、土地使用税、印花税、固定资产投资方向调节税、工商税收及税款滞纳金、罚款收入等；（2）关税类：指海关征收和关税；（3）农牧业税和耕地占用税类；（4）企业所得税类；（5）国有企业上缴利润类；（6）国有企业计划亏损补贴类；（7）国家能源交通重点建设基金收入类；（8）债务收入类；（9）专项收入类；（10）基本建设贷款归还类；（11）其他收入类；（12）国家预算调节基金类；（13）国有企业承包收入退库类；（14）预算调拨收入类；（15）社会保险基金收入类等。

地方财政收入 现行财政体制规定按税种划分，属地方收入范围内的，缴入地方金库。

财政支出 （1）基本建设拨款，是指国家预算内的基本建设拨款，不包括国家预算外自筹的各种基本建设资金。为加强基本建设投资规模的控制，提高资金使用效益，国家从1985年起，对预算内基本建设拨款实行拨款改贷款的新的管理办法。即由原来直接无偿的拨给建设单位，改为拨给建设银行视同信贷基金管理，建设银行根据国家预算安排的基建项目，给予有偿贷款，用投产后新增利润还本付息。因改革之中情况不一，目前仍有一些基建项目未实行拨改贷办法。（2）增拨企业流动资金，是指国家预算增拨各部门所属国有企业的流动资金和增拨银行的信贷资金。（3）文教科学卫生事业费，包括科学、文化、教育、卫生、公费医疗、体育、通讯广播、地震、海洋、文物、计划生育等方面的事业费。

信贷资金 国家银行用于发放贷款的资金叫信贷资金。中国人民银行信贷资金的来源有各项存款，对国际金融机构负债、流通中货币、银行自有资金及当年结益等。信贷资金的运用有各项贷款、黄金占款、外汇占款、财政借款及在国际金融机构中的资产。

货币回笼 是“货币投放”的对称。国有银行根据市场对货币流通需要的情况，有计划地通过出售商品、提供劳务、吸收储蓄、收回贷款等渠道，组织市场多余货币流回国家银行，使货币的流通量同国民经济对货币的实际需要量相适应。

货币投放 是“货币回笼”的对称。国家银行根据市场对货币流通的需要情况，有计划地通过工资发放，商品采购、贷款等渠道，将货币投入市场，使货币的流通量同国民经济对货币的实际需要量相适应。

七、物　　　　　价

WUJIA

7－1　主要年份市区价格指数

（以上年为 100）

年　份	居民消费价格指数（%）	商品零售价格指数（%）
1980	105.6	105.6
1981	101.1	101.1
1982	101.0	101.0
1983	99.5	99.5
1984	102.7	102.5
1985	112.1	113.1
1986	102.8	102.5
1987	107.5	107.3
1988	121.3	122.7
1989	115.9	116.5
1990	103.5	102.6
1991	106.8	105.4
1992	111.6	109.5
1993	118.0	116.0
1994	116.6	112.8
1995	119.1	115.0
1996	108.2	104.8
1997	104.9	101.4
1998	102.6	99.1
1999	98.9	97.2
2000	97.5	97.0
2001	100.6	98.1
2002	99.2	97.3
2003	101.6	100.7
2004	106.5	104.6

7－2　市区居民消费价格指数

（以 2003 年为 100）

项　　目	指　　数（%）	项　　目	指　　数（%）
居民消费价格总指数	106.5	3．鞋袜帽	99.2
一、食品	114.9	4．衣着加工服务	96.0
1．粮食	130.3	**四、家庭设备用品及维修服务**	98.2
2．淀粉及薯类	94.3	1．耐用消费品	97.3
3．干豆类及豆制品	110.3	2．室内装饰品	105.0
4．油脂	115.3	3．床上用品	98.3
5．肉禽及其制品	127.4	4．家庭日用杂品	96.1
6．蛋	118.2	5．家庭服务及加工维修服务	105.1
7．水产品	116.7	**五、医疗保健和个人用品**	100.7
8．菜	116.5	1．医疗保健	99.3
9．调味品	100.2	2．个人用品及服务	105.6
10．糖	107.2	**六、交通和通讯**	99.2
11．茶及饮料	101.3	1．交通	100.8
12．干鲜瓜果	103.8	2．通讯	97.9
13．糕点饼干面包	106.5	**七、娱乐教育文化用品及服务**	100.9
14．奶及奶制品	106.8	1．文娱用耐用消费品及服务	92.8
15．在外用膳食品	105.1	2．教育	109.2
16．其它食品及食品加工服务	106.0	3．文化娱乐用品	100.8
二、烟酒及用品	102.9	4．旅游及外出	98.4
1．烟草	102.8	**八、居住**	105.7
2．酒	104.5	1．建房及装修材料	105.5
3．吸烟饮酒用品	100.0	2．租房	133.0
三、衣着	100.4	3．自有住房	100.1
1．服装	100.9	4．水、电、燃料	103.8
2．衣着材料	99.8		

7-3 市区商品零售价格指数

（以2003年为100）

项　　目	指　　数（%）	项　　目	指　　数（%）
商品零售价格总指数	104.6	3. 音像器材类	97.6
一、食品类	115.5	**六、文化办公用品**	94.7
1. 粮食	130.4	**七、日用品**	97.5
2. 淀粉及薯类	94.3	1. 日用百货	98.7
3. 干豆类及豆制品	110.3	2. 日用杂品	100.5
4. 油脂	110.9	3. 洗涤用品	94.8
5. 肉禽及其制品	126.9	4. 其它日用品	101.9
6. 蛋	118.2	**八、体育娱乐用品**	95.5
7. 水产品	116.2	1. 体育用品	95.2
8. 菜	116.4	2. 娱乐用品	95.6
9. 调味品	100.4	**九、交通、通信用品**	92.3
10. 糖	106.5	1. 交通运输机械	92.7
11. 干鲜瓜果	103.6	2. 通讯器材类	91.6
12. 糕点饼干面包	106.3	**十、家具**	100.0
13. 奶及奶制品	106.6	**十一、化妆品类**	98.0
14. 在外用膳食品	105.1	**十二、金银珠宝类**	109.3
15. 其它食品	106.2	**十三、中西药品及医疗保健用品类**	100.2
二、饮料、烟酒	102.2	1. 医疗器具及用品	114.3
1. 茶及饮料	101.0	2. 中药材及中成药	101.3
2. 烟草	102.7	3. 西药	96.9
3. 酒	103.0	4. 保健器具及用品	103.5
三、服装、鞋帽类	99.6	**十四、书报杂志及电子出版物类**	101.0
1. 服装	100.3	1. 教材及参考书	100.4
2. 鞋袜帽	99.1	2. 书报杂志	103.0
3. 其它	83.5	3. 电子音像制品	98.6
四、纺织品类	98.7	**十五、燃料类**	110.5
1. 衣着材料	99.8	1. 煤炭及制品类	113.0
2. 床上用品	98.3	2. 石油及制品类	110.4
五、家用电器及音像器材	94.4	**十六、建筑材料及五金电料类**	104.8
1. 家庭设备	96.7	1. 建筑装璜材料类	105.6
2. 文娱用耐用消费品	92.0	2. 五金电料类	100.0

7－4 主要工业品出厂价格分类指数

（以上年为100） 单位：%

项　　目	2002年	2003年	2004年
工业品出厂价格总指数	**98.55**	**100.79**	**104.50**
其中：轻工业	99.59	99.86	101.55
以农产品为原料	99.70	100.03	100.81
以非农产品为原料	98.32	99.53	103.13
重工业	97.34	102.26	109.32
采掘	96.56	104.85	119.21
原料	96.61	102.09	106.37
加工	98.82	101.69	109.35
其中：生产资料	97.68	101.55	108.42
（01）采掘	96.56	104.84	119.21
（02）原料	96.80	101.97	105.69
（03）加工	99.05	100.79	108.14
生活资料	99.51	99.97	100.33
（01）食品	99.88	99.94	100.22
（02）衣着	99.15	100.34	101.46
（03）一般日用品	95.49	99.99	100.83
（04）耐用消费品	97.03	100.65	99.93

7-5 主要原材料、燃料、动力购进价格分类指数

（以上年为100）　　单位:%

项　　目	2002年	2003年	2004年
原材料、燃料动力购进价格总指数	**98.44**	**102.71**	**106.00**
（一）燃料动力类	98.88	103.33	104.47
（二）黑色金属材料类	98.07	106.91	110.43
其中：钢材	96.97	107.65	111.23
其它	99.25	106.24	109.53
（三）有色金属材料和电线类	94.19	104.19	119.26
（四）化工原料类	100.18	100.31	101.64
（五）木材及纸浆类	94.63	100.70	100.32
（六）建筑材料及非金属矿类	97.55	100.00	101.03
（七）其它工业原材料及半成品类	99.19	100.73	106.79
（八）农副产品类	102.73	102.31	102.74
（九）纺织原料类	86.41	102.73	104.74

7－6 房地产销售价格指数

（以上年为100）　　单位：%

项　　目	2002年	2003年	2004年
房屋销售价格总指数	**99.95**	**99.05**	**102.25**
一、商品房	99.98	98.88	101.83
（一）住宅	100.28	98.88	101.20
1．经济适用房	100.00	100.00	100.00
2．普通住宅	100.33	98.65	102.00
（1）多层住宅	100.05	98.23	102.00
（2）高层住宅	100.45	99.25	101.85
3．豪华住宅	99.58	100.55	101.65
（1）别墅	98.88	100.40	100.58
（2）高档公寓	100.30	100.90	101.90
（二）非住宅	98.95	98.88	103.98
1．写字楼	97.83	98.80	105.92
2．商业用房	98.20	98.10	104.03
3．其他	99.78	100.90	101.65
二、公房交易	100.00	100.00	100.00
其中：住宅	100.00	100.00	100.00
三、私有住房	99.85	99.80	107.90
（一）住宅	99.95	99.90	105.45
（二）非住宅	99.75	99.60	109.50

主要统计指标解释

居民消费价格指数 是度量一组代表性消费商品及服务项目价格水平随着时间而变动的相对数，反映居民家庭购买的消费品及服务价格水平的变动情况。它是宏观经济分析和决策、价格总水平监测和调控以及国民经济核算的重要指标。其按年度计算的变动率通常被用来作为反映通货膨胀（或紧缩）程度的指标。按商品分类有八大类：食品、烟酒及用品、衣着、家庭设备用品及维修服务费、医疗保健及个人用品、交通和通信、娱乐教育文化用品及服务、居住。根据全国城乡九万余户居民家庭消费支出调查资料中消费额较大的项目以及居民消费习惯，确定251个基本分类。

商品零售价格指数 是商品在流通过程中最后一个环节的价格，是工业、商业、餐饮业和其他零售企业向城乡居民、机关团体出售生活消费品和办公用品的价格。商品零售价格调查的任务是系统地调查、搜集和整理市场商品零售价格资料，编制商品零售价格指数，以此反映市场商品零售价格的变动趋势和变动程度。其目的在于掌握商品价格的变动趋势，为国家宏观调控和国民经济核算提供参考依据。同时，还可以在此基础上编制其他派生价格指数。按商品分类有十六大类：食品、饮料烟酒、服装鞋帽、纺织品、家用电器及音像器材、文化办公用品、日用品、体育娱乐用品、交通通信用品、家具、化妆品、金银珠宝、中西药品及医疗保健用品、书报杂志及电子出版物、燃料、建筑材料及五金电料，包括：225个基本分类的商品零售价格。

工业品出厂价格指数 是工矿企业把产品出售给商业企业、物资部门和使用单位的报告期出厂价格水平与基期出厂价格水平对比的相对数。它是从卖方角度反映工业产品市场价格的变动趋势和程度。工业品出厂价格是工业产品生产最后一个环节的价格，也是进入流通领域的第一环节的价格，它的调整变动直接影响工业产品的市场价格。

八、人民生活

RENMINSHENGHUO

8－1 主要年份城市住户调查情况

（市区）

年　份	调查户数（户）	平均每户人口（人）	平均每户就业人数（人）	年人均可支配收入（元）	年人均消费性支出（元）
1980	230	4.26	1.19	435.86	387.68
1982	230	4.25	2.33	510.02	472.92
1983	230	4.22	2.35	529.93	494.04
1984	230	4.15	2.33	605.47	538.86
1985	300	3.54	2.09	835.74	797.02
1986	300	3.50	2.08	1 000.53	966.33
1987	300	3.48	2.05	1 090.06	1 011.57
1988	300	3.40	2.00	1 338.90	1 397.72
1989	300	3.36	1.99	1 476.28	1 376.41
1990	300	3.37	2.08	1 686.41	1 571.20
1991	300	3.19	1.94	1 900.94	1 771.25
1992	300	3.17	1.97	2 275.82	2 115.75
1993	300	3.13	1.99	2 997.95	2 587.06
1994	300	3.12	1.88	4 153.25	3 468.57
1995	300	3.11	1.92	4 739.30	4 278.56
1996	300	3.09	1.98	5 522.01	5 136.85
1997	300	3.07	2.02	6 243.17	5 453.69
1998	300	3.02	1.95	7 054.68	6 021.21
1999	300	3.04	1.98	7 239.45	6 371.21
2000	300	3.03	1.99	7 563.32	6 844.64
2001	300	2.87	1.60	7 790.03	6 927.02
2002	300	2.92	1.42	7 380.72	6 149.16
2003	300	2.89	1.51	7 979.43	6 471.66
2004	990	2.86	1.31	9 045.85	7 025.03

注：自2004年开始，昆明城镇居民住户调查户数已扩大到990户，地域范围扩大到县（市）区，以往的资料只是四个区，300户。

8－2　城镇居民家庭平均每人全年消费性支出

（市区）

单位：元

项　　目	1998 年	1999 年	2000 年	2001 年	2002 年	2003 年	2004 年
消费性支出	**6 021**	**6 371**	**6 845**	**6 927**	**6 149**	**6 471.66**	**7 025.03**
食品	2 629	2 617	2 583	2 865	2 849	2 894.50	3 029.01
# 粮食	247	222	193	246	239	226.41	255.27
油脂	46	41	42	50	48	55.36	57.66
肉禽及制品	565	497	495	482	510	508.99	521.96
蛋类	67	64	53	62	62	55.05	60.26
水产品类	123	115	106	118	118	113.99	111.78
菜类	296	272	253	298	288	328.82	338.16
酒和饮料	84	99	88	87	98	95.38	106.47
干鲜瓜果类	181	184	164	154	175	186.48	175.81
在外用餐	469	560	579	433	633	660.13	778.15
衣着类	742	671	686	610	403	534.49	619.37
设备用品及服务	461	613	537	410	309	248.58	260.76
医疗保健	287	288	392	576	519	684.94	700.40
交通和通信	350	412	567	456	582	669.46	930.84
文教娱乐服务	701	750	967	758	817	794.89	730.57
居住	424	553	527	686	548	473.26	580.71
杂项商品和服务	427	467	586	566	123	171.54	173.37

8－3 城镇居民家庭平均每人年购买主要商品数量

（市区）

项　目	单位	1998 年	1999 年	2000 年	2001 年	2002 年	2003 年	2004 年
粮食	千克	80.81	74.1	69.45	90.28	89.81	86.61	78.33
油脂类	千克	4.52	4.11	4.85	5.82	6.18	6.46	5.9
猪肉	千克	18.37	16.84	18.14	19.99	23.4	22.41	22.11
牛肉	千克	2.91	2.41	2.49	2.77	3.24	2.96	2.72
羊肉	千克	0.22	0.23	0.2	0.17	0.21	0.22	0.31
活鸡	千克	3.66	4.09	4.77	4.84	8.04	8.38	6.3
活鸭	千克	0.05	0.02	0.01	0.02	0.16	0.21	0.16
蛋类	千克	9.05	9.23	9.2	10.58	11.07	10.27	8.75
水产品	千克	8.97	8.62	8.21	10.11	9.96	9.52	8.85
鲜菜	千克	117.71	109.5	110.29	142.42	137.75	154.53	163.83
食糖	千克	2.15	2.13	1.86	2.77	-	-	-
卷烟	盒	42.12	41.44	39.3	45.16	-	-	-
白酒	千克	1.89	1.35	1.58	3.06	3.67	3.22	2.65
啤酒	千克	1.59	1.88	0.86	0.9	1.32	1.63	0.92
干鲜瓜果	千克	47.94	47.75	47.04	47.76	52.16	54.89	48.74

8－4 城镇居民每百户主要消费品拥有量

品　　名	单位	2003 年	2004 年
成套家具	套	66.92	65.63
自行车	辆	163.81	116.00
家用汽车	辆	2.00	6.9
洗衣机	台	91.47	89.24
电冰箱	台	83.69	80.69
彩色电视机	台	123.69	118.91
影碟机	台	70.81	78.26
家用电脑	台	27.06	29.77
组合音响	套	34.44	33.23
摄像机	架	2.17	2.92
照像机	架	61.44	50.63
微波炉	台	48.03	49.38
电炊具	台	108.89	92.54
淋浴热水器	台	55.64	58.27
排油烟机	台	80.56	80.85
消毒碗柜	台	10.36	10.97
饮水机	台	50.14	66.48
吸尘器	台	11.47	9.78
健身器材	套	2.81	3.63
普通电话	部	89.75	87.45
移动电话	部	72.00	111.26

8－5　城镇居民住房情况

	单位	2003 年	2004 年
1. 家庭人口	人/户	2.89	2.86
2. 现住房总建筑面积	平方米/人月	20.38	28.64
3. 现住房屋总使用面积	平方米/人月	15.28	21.74
4. 房屋产权（合计）	%	100.00	100.00
# 租赁公房	%	20.33	11.03
原有私房	%	4.33	13.78
房改私房	%	70.33	68.12
商品房	%	2.33	5.53
5. 住宅建筑式样（合计）	%	100.00	100.00
# 四居室	%	0.67	5.98
三居室	%	33.33	29.51
二居室	%	43.67	40.91
普遍楼房	%	11.00	16.33
6. 购房总金额	元/户	23 844.53	39 544.19
购房实际支出金额	元/户	21 025.15	33 618.13
7. 饮水情况（合计）	%	100.00	100.00
# 自来水	%	61.00	52.48
矿泉水	%	28.00	37.75
纯净水	%	11.00	9.78
8. 炊用燃料使用情况（合计）	%	100.00	100.00
# 管道煤气	%	59.67	50.04
液化石油气	%	29.67	36.58
煤	%	1.00	1.87
其它	%	9.67	11.51
9. 通信设备使用情况			
(1) 无电话（合计）	%	100.00	100.00
是	%	5.39	3.30
否	%	94.61	96.70
(2) 固定电话	部/百户	93.28	87.45
(3) 移动电话	部/百户	64.42	111.26

8－6 城镇居民现金收支情况

	单位	2003 年	2004 年
一、期初手存现金	元/人	1 007.80	650.40
二、家庭总收入	元/人	8 571.44	9 812.08
#可支配收入	元/人	7 979.43	9 045.85
三、出售财物收入	元/人	3.48	69.21
四、借贷收入	元/人	1 694.89	3 076.59
五、家庭总支出	元/人	7 623.13	8 985.43
①消费支出	元/人	6 471.66	7 025.03
②购房与建房支出	元/人	0.00	426.29
③转移性支出	元/人	703.93	912.74
④财产性支出	元/人	0.00	2.16
⑤社会保障支出	元/人	447.54	619.22
六、借贷支出	元/人	1 777.98	3 541.30
#存入储蓄款	元/人	1 387.35	3 028.07
归还借款	元/人	135.35	138.04
储蓄性保险支出	元/人	69.54	64.20
归还住房贷款	元/人	68.22	80.75
七、期末手存现金	元/人	1 080.19	686.33

8－7 主要年份农村住户调查情况

年份	调查户数（户）	平均每户人口（人）	平均每一劳动力负担人口（人）	农民人均年纯收入（元）	年人均生活费支出（元）	人均住房面积（平方米）
1978	40	5.28	1.88	150.14	133.3	12.09
1980	50	5.16	1.84	197.1	178.64	10.87
1981	50	4.92	1.8	237.03	185.67	11.48
1982	160	4.91	1.77	279.83	221.46	16.23
1983	200	4.99	1.7	317.69	268.19	17.55
1984	370	5.21	1.73	338.43	263.24	18.29
1985	600	5.3	1.68	393.74	340.8	21.08
1986	600	5.2	1.67	398.21	381.37	23.41
1987	640	5.12	1.65	471.1	395.6	24.37
1988	590	4.95	1.63	536.36	537.26	25.6
1989	590	4.86	1.6	591.46	614.71	21.69
1990	600	4.83	1.57	690.32	649.65	20.72
1991	600	4.64	1.5	738.79	715.15	21.34
1992	590	4.58	1.5	804.69	784.98	21.64
1993	570	4.41	1.4	928	1 042	23
1994	590	4.24	1.4	1 130	1 221	23.1
1995	600	4.17	1.4	1 631	1 498	23.7
1996	600	4.09	1.4	1 946	1 655	24.4
1997	640	4.02	1.4	2 185	1 865	24.48
1998	640	3.91	1.4	2 322	1 944	25.53
1999	880	3.99	1.42	2 115	1 603.05	25.65
2000	900	4.04	1.58	2 220	1 758.4	26
2001	900	3.92	1.5	2 318	2 153.13	27
2002	880	3.85	1.51	2 441	1 936.31	28.52
2003	920	3.83	1.48	2 581.02	2 156.59	28.81
2004	920	3.79	1.45	2 909.06	2 392.42	33.06

注：99年以后含东川、寻甸数据。

8－8　农村居民家庭人均总收入和人均纯收入

单位：元

项　　目	1990 年	1995 年	2000 年	2002 年	2003 年	2004 年
一、全年人均总收入	**1 078.87**	**2 814.00**	**3 316.49**	**3 793.76**	**3 950.08**	**4 540.02**
1．基本收入	991.01	2 579.00	2 971.24	3 411.78	3 611.74	4 020.54
①劳动者的报酬收入	48.02	352.00	616.73	593.54	579.79	687.33
②家庭经营收入	942.99	2 227.00	2 354.51	2 818.24	3 031.95	3 333.21
2．转移性收入	87.86	128.00	210.35	208.36	130.97	145.09
3．财产性收入		106.00	134.90	173.62	207.37	374.39
二、全年人均纯收入	**690.32**	**1 631.00**	**2 220.00**	**2 441.00**	**2 581.02**	**2 909.06**

注：1990、1995 年不含东川、寻甸数据。

8-9 农村居民家庭人均总支出

单位：元

项　目	1990年	1995年	2000年	2002年	2003年	2004年
全年人均总支出	**1 062.14**	**2 819.00**	**2 962.00**	**3 433.64**	**3 631.83**	**4 249.92**
#生活消费支出	649.65	1 498.00	1 758.40	1 936.31	2 156.59	2 392.42
#食品	353.78	800.00	837.74	878.95	952.99	1023.29
衣着	49.05	100.00	76.83	92.91	98.22	121.27
居住	120.97	216.00	387.67	441.01	518.11	456.66
医疗保健	7.87	67.00	104.30	113.33	165.85	181.26
家庭经营费用支出	334.02	1045.00	854.36	1105.74	1192.78	1418.34
购置生产用固定资产支出	22.20	107.00	107.69	179.19	125.97	257.05
缴纳税金	15.74	45.00	54.13	53.00	37.06	28.56
上交集体承包任务	9.00	12.00			1.28	

注：1990、1995年不含东川、寻甸数据。

8－10 农村住户人均纯收

(2004年)

	单位	昆明	官渡	西山	东川	呈贡
调查户数	户	920	120	60	100	60
常住人口	人	3 486	458	210	411	198
平均每户常住人口	人	3.79	3.82	3.5	4.11	3.3
平均每一劳力负担人口	人	1.45	1.34	1.37	1.51	1.38
人均年总收入	元	4 540.02	6 646.8	5 252.01	2 159.83	8 381.84
1. 基本收入	元	4 020.54	4 224.44	4 402.41	2 023.3	7 755.53
(1) 工资性收入	元	687.33	1 560.59	1 505.39	350.22	450.78
(2) 家庭经营收入	元	3 333.21	2 663.85	2 897.02	1 673.08	7 304.75
2. 转移性收入	元	145.09	354.03	155.14	115.26	345.54
3. 财产性收入	元	374.39	2 068.33	694.46	21.27	280.77
人均年总支出	元	4 249.92	6 828.23	3 691.41	2 081.16	6 906.73
1. 家庭经营费用支出	元	1 418.34	859.38	567.96	776.44	3 865.03
2. 购置生产性固定资产	元	257.05	755.35	5.25	49.82	62.28
3. 税费支出	元	28.56	15.91	15.86	2.63	19.61
4. 生活消费支出	元	2 392.42	4 662.82	2 903.09	1 233.25	2 659.11
# 食品	元	1 023.29	1 396.55	950.85	800.65	1 099.88
衣着	元	121.27	217.28	216.22	52.45	182.38
居住	元	456.66	1 321.15	715.52	123.08	333.14
医疗保健	元	181.26	318.90	186.42	84.28	426.14
5. 财产性支出	元	40.43	246.31	24.21	0.68	25.8
6. 转移性支出	元	108.11	255.86	175.05	18.34	274.91
7. 建造生产性固定资产雇工支出	元	5.01	32.53			
人均年纯收入	元	2 909.06	5 333.07	4 584.15	1 306.26	4 194.87

入和总收支情况

晋宁	富民	宜良	石林	嵩明	禄劝	寻甸	安宁
60	60	60	60	60	100	100	80
192	220	213	246	250	384	406	298
3.2	3.7	3.6	4.1	4.2	3.84	4.06	3.7
1.4	1.53	1.36	1.48	1.62	1.41	1.54	1.45
5 205.40	4 778.04	4 521.44	4 425.80	5 724.05	2 708.64	2 782.83	5 617.16
4 861.15	4 571.56	4 353.31	4 330.29	5 627.61	2 631.86	2 713.72	5 300.18
633.99	485.96	514.79	494.09	973.02	210.01	239.26	842.57
4 227.16	4 085.6	3 838.52	3 836.2	4 654.59	2 421.85	2 474.46	4 457.61
183.66	150.07	121.04	8.79	83.05	67.51	18.56	150.38
160.59	56.41	47.09	86.72	13.39	9.27	50.55	166.6
5 450.21	4 669.07	3 450.29	3 934.26	5 122.36	2 839.53	2 480.64	5 524.68
1 984.53	1 776.75	1 273.18	1 548.19	2 796.29	947.31	927.49	1 804.55
34.11	311.2	81.81	288.61	180.75	201.54	57.35	694.34
93.68	23.66	32.22	12.54	30.06	7.65	18.76	110.99
3 204.77	2 361.96	1 961.24	1 960.57	2 076.35	1 631.02	1 456.82	2 839.42
1 086	1 196.75	817.03	818.72	1 043.49	1 050.02	884.33	1 191.72
180.82	71.77	79.11	98.77	136.6	77.86	66.97	125
973.58	397.97	252.21	392.01	192.36	151.74	173.76	438.49
211.89	206.09	182.93	137.81	212.44	68.31	58.16	220.83
20.73	32.14		10.79		10.2		
112.40	163.36	101.84	112.18	37.67	39.72	20.22	71.63
			1.38	1.24	2.08		3.75
3 029.30	2 813.63	3 150.35	2 740.86	2 753.81	1 538.1	1 712.23	3 486.73

8－11 农村住户人均

（2004年）

	单位	昆明	官渡	西山	东川	呈贡
一、期内现金收入合计	元	3 832.61	6 365.42	4 527.95	1 358.61	8 079.70
（一）基本收入	元	3 201.47	3 393.78	2 452.98	1 260.32	7 061.90
1．工资性收入	元	687.30	1 560.59	1 504.79	350.22	450.78
2．家庭经营现金收入	元	2 661.56	2 417.48	2 363.81	939.83	7 002.62
出售产品的现金收入	元	1 974.26	960.44	1 374.69	748.34	4 664.40
工业加工费的现金收入	元					
建筑业的现金收入	元	29.38	119.80	140.30		
运输业的现金收入	元	182.89	275.92	275.64	14.48	205.07
批发零售贸易餐饮业收入	元	204.52	233.06	118.19	123.32	1722.84
服务业的现金收入	元	57.01	26.11	6.19	12.86	18.81
文教卫生业	元	5.68	22.60	16.65	7.65	
其他家庭经营的现金收入	元	60.43	195.26	391.22	3.45	
（二）转移性收入	元	132.37	319.02	155.14	52.60	345.54
（三）财产性收入	元	351.38	2 068.33	504.21	15.96	280.77
二、期内现金支出合计	元	3 649.60	6 689.59	3 613.06	1 284.67	6 776.51
1．生产费用支出	元	1 437.07	1 581.20	529.95	490.39	3 927.30
2．税费支出	元	27.00	15.91	8.49	2.63	19.61
3．生活消费支出	元	2 038.96	4 590.27	2 878.37	776.00	2 528.88
4．财产性支出	元	40.43	246.37	24.21	0.68	25.80
5．转移性支出	元	106.15	255.83	172.05	14.96	274.91
三、期末手存现金	元	865.82	1 568.52	1 187.27	196.49	1 233.15
四、期末存款余额	元	1 587.08	6 135.42	1 725.71	188.33	3 728.79

现金收支情况

晋宁	富民	宜良	石林	嵩明	禄劝	寻甸	安宁
4 992.15	3 350.63	3 646.09	3 488.04	4 833.69	1 711.74	1 809.84	4 715.57
4 673.74	3 157.83	3 382.60	3 437.14	4 710.74	1 578.55	1 690.70	4 293.05
633.99	485.96	514.79	494.09	973.02	210.01	239.26	842.57
4 097.62	2 676.00	2 963.17	2 970.91	3 768.52	1 424.94	1 502.95	3 573.25
2 998.02	2 237.67	2 586.92	2 845.76	3 464.47	1 334.25	1 313.43	2 321.70
			21.08				59.85
	9.09		10.37			26.62	9.21
431.05	276.94	15.44	49.44	123.58	21.12	70.07	597.52
	31.32	205.79	6.91	92.22	10.65	28.28	330.62
604.43	116.85	4.44	3.29		1.30	3.73	103.84
		13.17					
6.25		42.05	6.20	57.45	1.22	9.31	24.74
179.23	150.07	121.04	8.71	78.78	67.51	17.08	150.38
81.31	38.60	47.09	14.33	13.36	9.27	50.55	149.37
5 083.08	3 396.49	3 058.85	3 079.16	4 425.86	1 777.57	1 576.22	4 929.58
1 875.81	1 507.53	1 141.04	1 328.35	2 672.83	734.24	700.13	2 345.48
93.68	23.66	32.22	12.42	30.06	7.46	8.67	110.99
2 980.45	1 674.85	1 783.75	1 617.81	1 688.66	985.96	852.95	2 401.47
20.73	32.14		10.79		10.20		
112.40	158.32	101.84	109.79	34.31	39.72	14.47	71.63
844.98	1 110.75		2 245.72	761.86	407.74	588.87	605.49
988.97	481.82		942.76	1 926.96	30.47		1 755.68

8－12 农村居民家庭平均每百户耐用消费品拥有量

项　　目	单位	1990 年	1995 年	2000 年	2002 年	2003 年	2004 年
手表	只	222	221				
电风扇	台	5	9	13	18	16.6	17.5
缝纫机	架	55	61				
大型家具	件	217	733	161	183	196.8	220
摩托车	辆		2	7	12	11.3	17.2
自行车	辆	112	142	86	76	68.3	76.4
洗衣机	台	23	35	38	38	36.2	45.7
电冰箱	台	1	5	7	8	6.9	10.9
影碟机	台			19	35	40.8	54.3
录音机	台	39	52	33	25	24	21.6
黑白电视机	台	47	61	44	32	27.4	21.8
彩色电视机	台	8	29	57	71	73.3	84.7
组合音响	套			14	17	19.8	23.5
照像机	架			7	8	7.3	8.7
脱排油烟机	台			2	3	3.9	7.3

注：1990、1995 年不含东川、寻甸数据。

主要统计指标解释

城镇居民家庭就业人口　指从事社会劳动并取得劳动报酬或经营收入的人口。我国的就业方针是：“在国家统筹规划和指导下，实行劳动部门介绍就业，自愿组织起来就业和自谋职业相结合”的方针。因此通过这三种方式就业的，不论在国有、集体经济单位工作或从事个体劳动，不论有固定性职业或临时性职业都是就业人口。城镇就业人口包括“国有经济单位职工”、“集体经济单位职工”、“其他所有制职工”、“个体经营者”、“个体被雇人员”、“离退休再就业人员”、“其他就业人员”七项。

城镇居民家庭实际收入　指调查户的全部实际的现金收入，包括经常或固定得到的收入和一次性收入。不包括周转性的收入，如提取银行存款、向亲友借入款、收回借出款以及其他各种暂收款。

城镇居民家庭可支配收入　指居民家庭在支付个人所得税，家庭副业生产支出和记帐补贴之后所余下的实际收入。

城镇居民家庭消费性支出　指调查户用于日常生活的全部支出，包括食品、衣着、家庭设备用品及服务、医疗保健、交通和通讯、娱乐教育文化服务、居住、杂项商品和服务等八大类支出。

农民全年总收入　指农村住户年内从各种来源得到的全部实际收入（包括现金收入和实物收入）。由基本收入，转移性收入和财产性收入等三部分组成。

农民全年纯收入　指总收入扣除相应的各项费用性支出后，归农民所有的收入。它是可用于生产和非生产投资，改善物质和文化生活以及用于再分配的支出和结余的收入，是用来观察农民实际收入水平，以及农民扩大再生产和改善生活能力的指标。

全年纯收入＝总收入－家庭经营费用支出－生产用固定资产折旧－税收－上交集体承包任务－集体提留和摊派－调查补贴－赠送农村内部亲友的支出

农民全年总支出　指农村住户全年用于生产、生活和再分配等方面的全部实际支出，包括家庭经营费用支出、购置生产性固定资产支出、缴纳税款、上交集体承包任务、集体提留和各种摊派、生活消费支出和其它非借贷性支出。但借贷性支出不包括在内。

九、农　　业

NONGYE

9－1 农村基本情况

指 标	单位	1990年	1995年	2000年	2003年	2004年
农村基层组织						
乡镇政府	个	143	143	143	129	124
#镇政府	个			50	39	35
村民委员会	个	1 368	1 368	1 367	1 333	1 294
乡村户数、人口、劳动力						
乡村户数	户	677 106	752 056	798 159	803 292	814 378
乡村人口	人	2 783 057	2 850 138	2 923 111	2 926 342	2 949 505
乡村劳动力资源数	人			1 881 191	1 911 510	1 928 929
其中：劳动年龄内	人			1 739 725	1 688 010	1 779 363
乡村从业人员合计	人	1 422 958	1 521 577	1 797 823	1 798 923	1 808 370
按性别分						
男	人			919 444	920 796	931 553
女	人			878 379	878 127	876 817
按行业分：						
农林牧渔业	人	1 364 194	1 443 094	1 414 029	1 424 146	1 419 088
工业	人	58 764	78 483	76 387	70 937	74 923
建筑业	人			72 786	75 444	75 098
交通运输、仓储业及邮政业	人			62 225	59 913	59 478
信息传输、计算机服务和软件业	人					1 669
批发和零售业	人			60 294	58 251	54 424
住宿和餐饮业	人					20 720
其它行业	人			112 102	110 232	102 970

9－2 分县（市）区

（2004年）

指　　标	单位	全市	官渡区	西山区	东川区	呈贡县
农村基层组织						
乡镇政府	个	124	10	6	13	6
#镇政府	个	35	3	2	3	2
村民委员会	个	1 294	76	46	148	65
乡村户数、人口、劳动力资源						
乡村户数	户	814 378	77 642	42 533	60 046	39 565
乡村人口	人	2 949 505	229 066	133 071	230 232	126 633
乡村劳动力资源	人	1 928 929	162 684	91 451	145 522	89 618
农村社会基础设施						
自来水受益村数	个	1 227	76	46	135	55
通汽车村数	个	1 285	76	46	139	65
通电话村数	个	1 230	76	46	147	65

注：为反映城市化的进展情况，国家统计局制定《农村统计报表制度》从2002年年报起，农村基层组织情况乡镇中的镇政府，已不包括城关镇和镇改为街道办事处。

农村基本情况

晋宁县	富民县	宜良县	石林县	嵩明县	禄劝县	寻甸县	安宁市
11	8	11	9	8	17	16	9
3	1	5	1	2	2	5	6
129	73	133	88	106	192	170	68
70 032	34 157	100 161	54 585	76 654	104 265	118 357	36 381
218 016	120 980	359 703	200 278	309 310	427 462	476 287	118 467
146 766	82 323	240 828	135 593	189 361	268 998	291 496	84 289
125	73	127	83	91	178	170	68
129	73	133	88	106	192	170	68
128	72	133	84	106	140	165	68

续 9－2

指　　标	单位	全市	官渡区	西山区	东川区	呈贡县
年初实有耕地面积	公顷	179 315	10 361	6 288	13 150	6 241
年内增加耕地面积	公顷	885	226	4	65	20
#新开荒地面积	公顷	256	121	3	61	2
当年减少耕地面积	公顷	3 571	1 224	292	247	40
#国家基建占地	公顷	2 133	797	89	216	27
其它基建占地	公顷	1 166	329	167	18	13
退耕还林还草占地	公顷	17		17		
耕地改为园地	公顷	87	44		–	–
年末实有耕地面积	公顷	176 629	9 363	6 000	12 968	6 221
#田	公顷	69 276	2 607	2 654	2 344	2 928
地	公顷	107 353	6 756	3 346	10 624	3 293
乡村办水电站个数	个	25		1	8	
装机容量	千瓦	14 317		1 200	2 844	
发电量	万千瓦时	5 492			986	
农村用电量	万千瓦时	64 575	11 264	4 328	1 926	4 368
农用化肥施用量（折纯）	吨	149 529	14 366	7 421	6 004	9 682
氮肥	吨	79 789	7 227	4 655	4 358	4 388
磷肥	吨	33 440	2 927	1 710	823	1 875
钾肥	吨	11 111	1 432	230	94	1 283
复合肥	吨	25 189	2 780	826	729	2 136
农用塑料薄膜使用量	吨	12 957	2 112	288	135	2 999
#地膜使用量	吨	7 783	440	228	133	684
地膜覆盖面积	公顷	75 566	5 428	2 501	2 397	4 215
农药使用量	吨	3 360	275	93	38	443

晋宁县	富民县	宜良县	石林县	嵩明县	禄劝县	寻甸县	安宁市
14 072	6 850	18 680	16 625	20 808	24 541	33 395	8 304
10	40	4	22	34	314	113	33
1			10		37		21
81	23	19	34	421	769	147	274
27		12	13	130	646	84	92
53	7	7	21	291	121	61	78
1	16				2		24
14 001	6 867	18 665	16 613	20 421	24 086	33 361	8 063
10 153	3 039	10 590	4 561	10 361	5 493	9 963	4 583
3 847	3 828	8 075	12 052	10 060	18 593	23 399	3 480
–	–	8	3		3	2	
–	–	4 575	1 220		4 255	223	
–	–	2 660	110		1 652	84	
6 122	3 286	8 103	3 041	5 589	3 640	4 074	8 834
9 847	5 281	15 299	10 237	17 267	18 604	29 207	6 314
4 212	3 300	7 010	6 306	8 586	11 169	15 686	2 892
2 243	715	4 252	2 259	4 235	3 733	7 290	1 378
1 087	445	1 130	1 202	983	1 059	1 591	575
2 305	821	2 907	470	3 463	2 643	4 640	1 469
1 119	198	1 052	1 013	1 121	968	1 452	500
641	183	941	898	918	947	1 371	399
4 874	1 474	7 591	7 268	9 089	11 177	15 558	3 994
422	125	465	420	355	173	364	187

续 9－2

指　　标	单位	全市	官渡区	西山区	东川区	呈贡县
从业人员总计	人	**1 808 370**	**149 948**	**81 334**	**142 023**	**86 409**
＃女	人	876 817	75 526	40 637	66 592	42 792
农　业	人	1 419 088	92 010	47 380	114 583	73 776
工　业	人	74 923	14 400	6 850	5 464	4 044
建筑业	人	75 098	3 857	5 028	4 381	573
交通运输、仓储业及邮政业	人	59 478	9 852	7 466	1 716	2 562
信息传输、计算机服务和软件业	人	1 669	412	375	49	22
批发和零售业	人	54 424	10 246	4 401	2 183	1 846
住宿和餐饮业	人	20 720	4 175	2 523	850	493
其它行业	人	102 970	14 996	7 311	12 797	3 093

晋宁县	富民县	宜良县	石林县	嵩明县	禄劝县	寻甸县	安宁市
139 472	**77 825**	**226 309**	**121 078**	**176 941**	**24 824**	**280 203**	**8 004**
68 954	37 709	110 946	58 837	84 441	118 013	132 317	40 053
111 412	55 745	174 140	105 041	125 656	220 459	241 778	57 108
6 432	3 496	8 228	2 673	11 185	1 659	4 420	6 072
5 015	7 937	15 478	2 869	14 124	4 535	8 255	3 046
5 311	2 611	7 978	3 115	6 340	2 539	5 840	4 148
95	28	76	115	168	78	131	120
3 979	2 392	8 439	2 494	7 391	3 663	4 839	2 551
1 018	797	3 542	1 119	2 676	582	1 787	1 158
6 210	4 819	8 428	3 652	9 401	13 309	13 153	5 801

9－3 主要年份农林牧渔业总产值指数

（可比价上年为 100）

单位：%

年　份	农林牧渔业总产值	农业总产值	林业总产值	牧业总产值	渔业总产值	服务业产值
1978	117.7	115.3	133.3	124.7	144.8	
1979	90.3	87.6	82.4	98.2	205.7	
1980	115.3	120.4	115.3	98.6	95.7	
1981	108.7	108.5	118.9	108.3	98.8	
1982	108.4	106.1	118.0	119.2	66.7	
1983	101.1	94.2	136.9	118.2	183.7	
1984	117.8	118.6	159.1	105.0	154.5	
1985	104.1	97.9	130.0	117.8	93.5	
1986	89.2	81.4	71.8	112.6	164.4	
1987	120.2	128.3	88.4	110.2	125.5	
1988	106.9	106.2	100.4	109.8	108.9	
1989	105.9	102.5	108.9	113.1	106.8	
1990	107.1	106.1	94.6	112.1	93.6	
1991	106.4	106.7	113.1	105.7	98.5	
1992	105.7	105.7	126.7	103.1	101.3	
1993	111.3	115.1	101.0	105.4	112.1	
1994	102.7	96.2	107.0	114.6	127.8	
1995	110.5	110.6	105.7	110.6	117.3	
1996	109.5	107.5	115.8	111.4	118.5	
1997	107.7	107.7	99.0	108.4	113.0	
1998	104.2	98.9	112.6	110.9	122.0	
1999	108.5	107.6	109.9	110.8	99.9	
2000	108.2	110.6	102.5	106.5	95.1	
2001	103.2	102.0	99.1	105.7	103.5	
2002	105.8	104.4	107.1	107.4	110.6	
2003	106.0	104.9	94.0	108.6	116.9	102.0
2004	107.1	110.0	103.1	104.7	100.7	101.0

9-4 主要年份农林牧渔业总产值

（以当年价计算）

单位：万元

年 份	农林牧渔业总产值	#农业	#林业	#牧业	#渔业	#服务业
1984	75 547	55 964	3 959	14 609	1 015	
1985	90 369	60 990	5 376	22 997	1 006	
1987	124 465	83 397	4 142	33 643	3 283	
1988	156 786	103 880	4 783	44 686	3 437	
1989	175 847	112 334	5 502	53 380	4 631	
1990	199 206	126 792	6 633	60 788	4 993	
1991	216 584	141 534	7 676	61 635	5 739	
1992	246 400	156 841	10 904	71 766	6 889	
1993	315 544	201 280	12 842	91 819	9 603	
1994	424 999	264 027	14 755	131 511	14 706	
1995	598 986	371 930	18 102	190 520	18 434	
1996	685 790	428 855	23 397	211 851	21 687	
1997	731 469	451 736	23 889	228 797	27 047	
1998	759 626	455 260	26 395	250 185	27 786	
1999	793 356	476 336	29 769	260 329	26 922	
2000	815 767	503 074	32 815	254 534	25 344	
2001	858 558	523 477	32 131	273 058	29 892	
2002	901 499	546 843	33 202	290 106	31 348	
2003	957 332	548 692	32 410	307 249	31 698	37 283
2004	1 090 013	619 616	33 607	367 556	31 532	37 702

9－5 主要年份农林牧渔业总产值构成

单位：%

年　份	总构成	#农业	#林业	#牧业	#渔业	#服务业
1984	100	74.08	5.24	19.34	1.34	
1985	100	67.49	5.95	25.45	1.11	
1987	100	67.00	3.33	27.03	2.64	
1988	100	66.26	3.05	28.50	2.19	
1989	100	63.88	3.13	30.36	2.63	
1990	100	63.65	3.33	30.52	2.50	
1991	100	65.35	3.54	28.46	2.65	
1992	100	63.65	4.42	29.13	2.80	
1993	100	63.79	4.07	29.10	3.04	
1994	100	62.12	3.47	30.95	3.46	
1995	100	62.10	3.02	31.80	3.08	
1996	100	62.54	3.41	30.89	3.16	
1997	100	61.76	3.26	31.28	3.70	
1998	100	59.93	3.47	32.94	3.66	
1999	100	60.04	3.75	32.82	3.39	
2000	100	61.78	3.85	31.40	2.97	
2001	100	60.98	3.74	31.80	3.48	
2002	100	60.66	3.68	32.18	3.48	
2003	100	57.31	3.39	32.09	3.32	3.89
2004	100	56.85	3.08	33.72	2.89	3.46

9－6 农林牧渔业分项产值

（按当年价计算）　　单位：万元

指　　标	2004年	2003年	2004年比2003年±%
农林牧渔业总产值	**1 090 013**	**957 332**	**13.9**
一、农业产值	619 616	548 692	12.9
1．谷物及其他作物	311 021	276 217	12.6
#谷物	145 854	125 538	16.2
油料	4 949	4 129	19.9
烟叶	97 265	83 572	16.4
2．蔬菜园艺作物	286 380	253 102	13.1
蔬菜（含菜用瓜）	187 438	190 093	－1.4
花卉园艺	77 715	54 807	41.8
3．水果、坚果、饮料和香料	21 043	16 905	24.5
二、林业产值	33 607	32 410	3.7
三、牧业产值	367 556	307 249	19.6
四、渔业总产值	31 532	31 698	－0.5
五、服务业总产值	37 702	37 283	1.1

9－7 农林牧渔业分项产值构成

（按当年价计算）

单位：%

指　标	2004年	2003年
农林牧渔业总产值	**100**	**100**
一、农业产值	56.85	57.31
1．谷物及其他作物	28.53	28.85
# 谷物	13.38	13.11
油料	0.45	0.43
烟叶	8.92	8.73
2．蔬菜园艺作物	26.27	26.44
蔬菜（含菜用瓜）	17.20	19.86
3．水果、坚果、饮料和香料	1.93	1.76
二、林业总产值	3.08	3.39
三、牧业总产值	33.72	32.09
四、渔业总产值	2.89	3.32
五、服务业总产值	3.46	3.89

9-8 主要农作物播种面积及产量

指　　标	2004年			2003年		
	播种面积（公顷）	总产量（吨）	公顷产量（吨）	播种面积（公顷）	总产量（吨）	公顷产量（吨）
农作物总计	**382 466**			**384 326**		
一、粮食作物合计	245 365	1 148 610	4.7	249 544	1 139 580	4.6
夏粮	99 077	244 384	2.5	105 097	265 526	2.5
秋粮	146 288	904 226	6.2	144 447	874 054	6.1
（一）谷物	172055	920249	5.3	175121	906648	5.2
#1．稻谷	48 041	379 681	7.9	50 560	387 087	7.7
2．小麦	37 040	94 624	2.6	40 951	102 801	2.5
3．玉米	54 286	366 754	6.8	52 542	341 993	6.5
4．其它谷物	32 567	78 916	2.4	30 933	74 517	2.4
（二）豆类	44 941	104 731	2.3	45 821	113 313	2.5
#蚕豆	26 773	64 269	2.4	29 083	78 396	2.7
（三）薯类	28 369	123 630	4.4	28 602	119 619	4.2
#马铃薯	24 181	104 697	4.3	24 067	100 431	4.2
二、油料合计	9 172	13 318	1.5	10 042	14 234	1.4
#油菜籽	8 083	11 120	1.4	8 749	11 911	1.4
三、甘蔗	89	4 231	47.6	83	4 250	51.2
四、麻类合计	343	2 545	7.4	52	113	2.2
五、烟叶合计	42 649	81 958	1.9	42 783	79 170	1.8
#烤烟	42 477	81 855	1.9	42 653	78 956	1.8
六、药材类合计	346	1 251	3.6	476	528	1.1
七、蔬菜、瓜果类	57 335	1 696 231	29.3	54 009	1 645 850	30.5
1．蔬菜（含菜用瓜）	56 607	1 673 493	29.6	53 396	1 627 081	30.5
2．瓜类	728	22 738	31.3	613	18 769	30.6
八、花卉	5 768	271 333	47	5 289	223 747	42.3
九、其它作物	27 167			27 337	–	–
#青饲料	5 856			5 730	–	–

注：花卉公顷产量、总产量的计量单位为万枝。

9-9 分县（市）区农

（2004年，

指　　标	单位	全市	官渡区	西山区	东川区	呈贡县
农林牧渔总产值	**万元**	**1 090 013**	**155 390**	**41 957**	**37 632**	**81 277**
一、农业产值	万元	619 616	100 553	21 142	20 813	63 506
1．谷物及其他作物	万元	311 021	13 133	11 757	13 502	1 780
#谷物	万元	145 854	5 334	7 217	6 615	1 481
油料	万元	4 949	42	914	339	2
甘蔗	万元	286	-	-	55	-
烟叶	万元	97 265	2 458	2 837	54	-
2．蔬菜园艺作物	万元	286 380	85 627	7 420	4 491	59 384
蔬菜（含菜用瓜）	万元	187 438	49 333	6 792	4 489	31 902
3．水果、坚果、饮料和香料	万元	21 043	1 763	1 825	2 497	2 342
4．中药材	万元	1 172	30	140	323	
二、林业产值	万元	33 607	543	2 341	1 112	463
#林木的培育和种植	万元	9 473	181	683	852	162
林产品	万元	8 696	194	233	160	242
竹木采伐	万元	15 438	168	1 425	100	59
三、牧业产值	万元	367 556	42 956	12 526	13 704	14 449
#牲畜饲养	万元	59 329	4 568	1 542	1 677	2 611
猪的饲养	万元	236 840	22 848	8 491	11 049	3 635
家禽饲养	万元	68 689	15 395	2 449	816	8 200
四、渔业产值	万元	31 532	6 574	4 854	675	1 751
五、农林牧渔服务业产值	万元	37 702	4 764	1 094	1 328	1 108

林牧渔业总产值

按当年价计算）

晋宁县	富民县	宜良县	石林县	嵩明县	禄劝县	寻甸县	安宁市
84 556	**47 875**	**192 974**	**83 570**	**87 755**	**110 454**	**101 458**	**65 115**
51 413	23 541	97 427	51 149	51 037	53 631	50 258	35 146
24 254	12 612	52 398	41 489	33 051	48 177	44 637	14 231
11 482	8 749	27 275	16 007	15 821	22 959	16 489	6 425
1 108	66	325	307	34	380	653	779
4	–	7		–	219	1	
8 141	2 132	15 330	18 248	11 505	12 777	18 493	5 290
26 145	6 333	43 922	8 150	17 511	4 436	5 154	17 807
14 471	5 554	36 951	5 977	8 487	4 049	4 463	14 970
1 014	4 521	836	1 510	475	699	467	3 094
–	75	271		–	319		14
1 704	2 725	10 431	2 833	1 146	3 775	5 086	1 448
499	72	437	373	281	2 276	3 477	180
750	1 997	1 357	943	171	1 240	1 032	377
455	656	8 637	1 517	694	259	577	891
26 390	18 847	62 874	26 961	29 130	51 071	44 039	24 609
4 637	1 999	7 871	6 427	3 430	9 882	12 194	2 491
16 725	13 986	38 885	18 192	20 842	37 160	29 074	15 953
4 852	2 790	15 896	1 709	4 825	3 011	2 735	6 011
2 614	312	6 606	1 082	4 732	423	928	981
2 435	2 450	15 636	1 545	1 710	1 554	1 147	2 931

9-10 分县（市）区农林牧

（2004年，

指　　标	单位	全市	官渡区	西山区	东川区	呈贡县
一、总产值	**万元**	**1 090 013**	**155 390**	**41 957**	**37 632**	**81 277**
农业总产值	万元	619 616	100 553	21 142	20 813	63 506
林业总产值	万元	33 607	543	2 341	1 112	463
牧业总产值	万元	367 556	42 956	12 526	13 704	14 449
渔业总产值	万元	31 532	6 574	4 854	675	1 751
服务业产值	万元	37 702	4 764	1 094	1 328	1 108
二、中间消耗	**万元**	**421 035**	**46 218**	**16 706**	**18 190**	**31 762**
农业中间消耗	万元	218 995	28 313	7 764	9 450	22 668
林业中间消耗	万元	8 995	283	668	328	62
牧业中间消耗	万元	163 404	13 625	6 022	7 449	6 917
渔业中间消耗	万元	12 265	1 453	1 818	281	1 513
服务业中间消耗	万元	17 376	2 544	434	682	602
三、增加值						
农业增加值	万元	400 621	72 240	13 378	11 363	40 838
林业增加值	万元	24 612	260	1 673	784	401
牧业增加值	万元	204 152	29 331	6 504	6 255	7 532
渔业增加值	万元	19 267	5 121	3 036	394	238
服务业增加值	万元	20 326	2 220	660	646	506

渔业商品产值及增加值

按当年价计算）

晋宁县	富民县	宜良县	石林县	嵩明县	禄劝县	寻甸县	安宁市
84 556	**47 875**	**192 974**	**83 570**	**87 755**	**110 454**	**101 458**	**65 115**
51 413	23 541	97 427	51 149	51 037	53 631	50 258	35 146
1 704	2 725	10 431	2 833	1 146	3 775	5 086	1 448
26 390	18 847	62 874	26 961	29 130	51 071	44 039	24 609
2 614	312	6 606	1 082	4 732	423	928	981
2 435	2 450	15 636	1 545	1 710	1 554	1 147	2 931
30 122	**19 937**	**63 159**	**39 862**	**38 524**	**49 695**	**43 056**	**23 804**
16 110	9 275	25 015	25 128	18 214	25 561	21 836	9 661
368	815	1 286	594	501	1 731	2 091	268
11 143	8 121	28 343	13 586	16 038	22 013	18 341	11 806
701	206	2 167	402	2 866	203	384	271
1 800	1 520	6 348	152	905	187	404	1 798
35 303	14 266	72 412	26 021	32 823	28 070	28 422	25 485
1 336	1 910	9 145	2 239	645	2 044	2 995	1 180
15 247	10 726	34 531	13 375	13 092	29 058	25 698	12 803
1 913	106	4 439	680	1 866	220	544	710
635	930	9 288	1 393	805	1 367	743	1 133

9－11 分县（市）区粮食

（2004年）

指　　标	官渡区		西山区		东川区		呈贡县		晋宁县	
	面积	产量	面积	产量	面积	产量	面积	产量	面积	产量
农作物总计	**19 943**		**11 996**		**23 803**		**12 910**		**29 423**	
一、粮食作物合计	7 798	39 963	8 250	43 855	16 350	71 357	1 180	6 801	16 170	85 736
夏粮	3 811	12 202	3 118	10 845	3 811	5 024	218	537	6 362	14 829
秋粮	3 987	27 761	5 132	33 010	12 539	66 333	962	6 264	9 808	70 907
（一）谷物	5 207	31 844	6 793	39 819	9 963	45 387	846	5 955	11 049	73 901
#1．稻谷	849	6 858	1 746	12 158	2 001	16 395	140	921	6 029	49 361
2．小麦	1 182	3 977	1 093	4 168	2 313	3 105	21	80	1 997	5 177
3．玉米	2 618	19 147	2 967	19 555	4 564	23 950	685	4 954	2 198	17 558
4．其它谷物	558	1 862	987	3 938	1 063	1 890			825	1 805
（二）豆类	1 969	5 958	1 196	3 218	1 306	2 184	172	455	4 443	9 532
#蚕豆	1 079	3 734	815	2 416	163	221	21	74	3 818	8 162
（三）薯类（折粮）	622	2 161	261	818	5 081	23 786	162	391	678	2 303
#马铃薯	583	1 920	230	763	2 786	12 634	162	391	460	1550
二、油料合计	65	100	119	246	753	980	2	3	1 528	3 018
#油菜籽	54	86	92	188	354	353		0	1 492	2 976
三、甘蔗		0		0	18	1 096		0	1	40
四、麻类合计		0		0		0		0		0
五、烟叶合计	1 096	2 015	865	1 854	41	54		0	3 400	6700
#烤烟	1 096	2 015	865	1 854		0		0	3 400	6 700
六、药材类合计	1	0	62	0	137	0		0	13	0
七、蔬菜、瓜果类	9 395	382 452	2 331	59 747	3 279	70 923	9 540	309 559	7 232	150 407
1．蔬菜（含菜用瓜）	9 394	382 442	2 326	59 619	2 752	53 196	9 540	309 559	7 163	148 740
2．瓜果类	1	10	5	128	527	17 727		0	69	1 667
八、花卉	1 037	59 523	14	110	1	2	2 185	134 847	1 595	55 882
九、其它作物	1 588	0	369	0	3 225	0	2 188	0	1 079	0
#青饲料	89	0	154	0	57	0		0	12	0

注：花卉总产量的计量单位为万枝。

播种面积及产量

单位：面积、公顷；产量、吨

富民县		宜良县		石林县		嵩明县		禄劝县		寻甸县		安宁市	
面积	产量	面积	产量	面积	产量	面积	产量	面积	产量	面积	产量	面积	产量
14 856		**46 209**		**42 249**		**41 609**		**48 906**		**72 540**		**18 022**	
11 442	60 709	31 888	176 128	24 845	117 837	30 334	141 855	39 868	174 860	50 115	183 968	7 125	45 541
5 338	16 687	14 942	35 953	9 388	28 419	15 317	39 841	16 020	32 647	18 335	39 100	2 417	8 300
6 104	44 022	16 946	140 175	15 457	89 418	15 017	102 014	23 848	142 213	31 780	144 868	4 708	37 241
8 275	50 925	22 195	150 499	17 257	98 371	21 392	117 678	29 937	141 229	33 272	124 459	5 869	40 182
2 160	18 452	8 414	83 235	4 044	34 681	7 626	56 515	4 756	37 241	8 348	48 272	1 928	15 592
2 637	10 574	6 293	15 282	3 350	11 332	3 854	8 398	6 710	14 771	6 660	14 544	930	3 216
3 073	20 641	6 115	49 117	6 392	44 853	5 419	37 112	10 693	71 686	7 402	39 815	2 160	18 366
405	1 258	1 373	2 865	3 471	7 505	4 493	15 653	7 679	17 304	10 862	21 828	851	3 008
2 643	7 957	7 540	17 493	4 227	9 780	7 203	15 752	5 308	12 430	8 053	16 890	881	3 082
715	2 062	5 785	13 923	2 504	7 013	5 314	12 431	2 593	5 468	3 426	6 955	540	1 810
524	1 827	2 153	8 136	3 361	9 686	1 739	8 425	4 623	21 201	8 790	42 619	375	2 277
310	1 153	1 715	6 533	3 161	9 164	1 739	8 425	4 053	18 501	8 749	42 372	233	1 291
55	236	478	904	426	709	63	106	386	835	4 201	3 608	1 096	2 573
43	108	261	510	263	411	63	89	185	365	4201	3 505	1 075	2 529
	0	1	70		0		0	68	3021	1	5		0
	0		0		0	185	1 340	158	1 205		0		0
1 359	2 370	6 987	13 140	8 020	16 326	5 451	9 791	5 513	10 980	7 746	14 346	2 171	4 383
1 358	2 368	6 987	13 133	8 020	16 326	5 450	9 790	5 510	10 978	7 720	14 309	2 071	4 383
2	0	129	0		0		0		0		0	2	0
1 458	38 219	5 505	188 757	3 660	59 556	4 156	170 450	1 777	52 519	2 890	46 891	6 112	166 750
1 392	36 288	5 479	187 903	3 660	59 556	4 150	170 330	1 757	52 324	2 889	46 876	6 105	166 660
66	1 931	26	854		0	6	120	20	195	1	15	7	91
45	1 557	211	9 042	16	176	515	5 905	4	67	50	2 350	95	1 872
540	0	1 221	0	5 298	0	1 420	0	1 136	0	7 587	0	1 516	0
31	0	201	0	1 111	0	355	0	789	0	2 962	0	95	0

9－12 分县（市）区油、

（2004 年）

指　　标	单位	全市	官渡区	西山区	东川区	呈贡县
一、油菜籽生产						
播种面积	公顷	8 083	54	92	354	
总产量	吨	11 120	86	188	353	0
二、蔬菜生产						
播种面积	公顷	56 607	9 394	2 326	2 752	9 540
总产量	吨	1 673 493	382 442	59 619	53 196	309 559
三、茶叶生产						
播种面积	公顷	323	1	8		
总产量	吨	58				
四、水果生产						
1. 播种面积	公顷	21 770	2 643	1 918	897	1 625
# 苹果园	公顷	3 544	266	543	183	17
柑桔园	公顷	380		8	18	6
梨园	公顷	8 524	1 320	781	96	956
葡萄园	公顷	1 332	99	16	247	61
2. 水果产量	吨	92 154	8 384	8 746	3 543	12 201
# 苹果	吨	9 878	608	2 454	397	23
柑桔	吨	2 353	0	19	55	0
梨	吨	30 393	1 986	2 215	512	7 973
葡萄	吨	14 810	1 118	74	1 038	890

菜、茶、果生产

晋宁县	富民县	宜良县	石林县	嵩明县	禄劝县	寻甸县	安宁市
1 492	43	261	263	63	185	4 201	1 075
2 976	108	510	411	89	365	3 505	2 529
7 163	1 392	5 479	3 660	4 150	1 757	2 889	6 105
148 740	36 288	187 903	59 556	170 330	52 324	46 876	166 660
		80	117		1		116
		23	13		1		21
1 773	2 891	1 122	1 861	1 790	1 046	969	3 235
104	243	53	478	335	496	619	207
10	250	16	17		32	21	2
823	426	337	721	672	326	96	1 970
35	482	29	242	1	1	2	117
4 701	18 151	4 192	6 845	5 570	3 137	3 034	13 650
146	695	145	1 812	816	977	1 130	676
34	2 008	55	42	0	122	5	13
1 803	1 428	1 200	1 481	1 148	895	769	8 982
64	9 484	187	1 683	11	6	23	232

9－13 分县（市）区

（2004 年）

指　标	单位	全市	官渡区	西山区	东川区	呈贡县
一、生猪饲养						
（一）生猪年末存栏头数	万头	205	17	10	17	3
（二）猪出栏头数	万头	284	24	11	12	4
二、牛						
年末存栏头数	头	524 811	20 192	20 154	40 538	7 569
其中：良种及其他牛	头	22 187	3		126	16
三、羊						
年末存栏只数	万只	109	2	4	11	1
年内出栏只数	万只	51	1	2	3	1
四、马						
年末存栏头数	头	124 425	4 972	2 731	3 107	1 084
年内出栏头数	头	9 861		71	1	186
五、骡						
年末存栏头数	头	62 739	490	980	7 474	261
年内出栏头数	头	4 892		32	4	254
六、驴						
年末存栏头数	头	16 835	191	583	5 182	11
年内出栏头数	头	2 147		30	2	4

晋宁县	富民县	宜良县	石林县	嵩明县	禄劝县	寻甸县	安宁市
16	13	24	15	18	27	33	12
26	16	46	16	28	38	44	19
24 874	21 733	44 346	44 202	31 824	113 802	136 252	19 325
50	58	4	55	2561	13 893	5 264	157
3	6	9	16	5	28	21	3
1	2	4	6	2	14	13	2
2 932	5 673	10 641	20 336	22 031	8 728	38 655	3 535
163	666	653	1 865	854	1 341	3 757	304
301	5 835	9 284	5 268	3 128	16 543	12 794	381
17	370	291	248	1 112	1 593	944	27
316	2 166	1 344	120	148	6 070	620	84
34	260	191	32	100	1 239	19	236

续 9－13

指　　标	单位	全市	官渡区	西山区	东川区	呈贡县
七、产量						
（一）肉类总产量	吨	309 042	22 197	11 233	11 189	6 041
#1．猪肉	吨	241 343	18 140	9 435	10 175	3 103
2．牛肉	吨	17 360	335	382	297	188
3．羊肉	吨	10 327	164	302	407	40
4．马肉	吨	803		9	0	
5．驴肉	吨	145		3	0	
6．骡肉	吨	322		3	0	
7．禽肉	吨	38 312	3 504	987	312	2 708
8．兔肉	吨	162	4	4	0	2
（二）禽蛋产量	吨	46 312	21 413	1 407	160	8 141
（三）奶类产量	吨	86 994	21 889	2 641	188	12 512
其中：牛奶	吨	78 685	21 887	2 617	188	12 484
八、渔业生产						
（一）淡水养殖面积	公顷	11 229	695	633	81	1 189
（二）淡水产品产量总计	吨	36 295	3 701	3 147	744	2 952
#1．鱼类	吨	33 503	3 285	2 870	744	2 398
2．虾蟹类	吨	2 792	416	277		554
3．贝类	吨					

晋宁县	富民县	宜良县	石林县	嵩明县	禄劝县	寻甸县	安宁市
23 236	15 131	57 473	17 829	31 648	40 297	51 185	21 583
18 326	13 327	39 370	14 157	26 767	32 329	40 869	15 346
708	396	1 587	784	1 799	3 057	7 022	805
243	380	1 068	1 758	597	2 890	1 978	501
13	51	101	209	21	105	266	29
4	14	21	3		84	2	14
1	22	45	28	3	135	82	3
3 902	910	15 226	884	2 458	1 691	953	4 778
32	15	37	4	2	2	12	48
1 497	2 280	2 350	626	2 688	595	3 163	1 991
19 454	85	18 041	7 249	1 328		8	3 599
19 437	83	16 861	254	1 328		8	3 538
1 114	152	2 373	1 033	1 842	327	987	803
6 774	350	7 150	1 107	6 013	350	3 187	820
5 250	350	7 146	1 090	6 013	350	3 187	820
1 524		4	17				

9－14 分县（市）区

（2004 年）

指　　标	单位	全市	官渡区	西山区	东川区	呈贡县
一、营林情况						
1．当年造林面积	公顷	6 440	127	160	1 586	287
用材林	公顷					
经济林	公顷	27				
防护林	公顷	6 413	127	160	1 586	287
薪炭林	公顷					
其它林	公顷					
2．迹地更新面积	公顷					
3．封山育林面积	公顷	169 792	10 168	4 872	17 372	733
4．零星（四旁）植树	万株	1 006	113	86	65	39
5．育苗面积	公顷	105	3	3	10	1
6．幼林抚育作业面积	公顷	586		60	33	100
7．成林抚育面积	公顷	234				
8．低产林改造面积	公顷	27				
二、林产品产量						
1．生漆	吨		–	–	–	–
2．油桐籽	吨	47			1	
3．油茶籽	吨	18				–
4．乌桕籽	吨	–				
5．棕片	吨	218	3	22		
6．松脂	吨	82				
7．竹笋干	吨	3	–	–	–	
8．核桃	吨	1 495	43	28	100	1
9．板栗	吨	6 838	112	56	29	391
三、全社会竹木采伐量						
1．木材	m^3	41 842	2 045	4 950	1 660	304
2．竹材	万根	13 594	45	270		13

注：当年造林面积中的用材林、其它林，县区无法划分。

林业生产

晋宁县	富民县	宜良县	石林县	嵩明县	禄劝县	寻甸县	安宁市
686	247	140	647	187	1 826	427	80
		27					
686	247	113	647	187	1 826	427	80
1 980	6 383	10 211	1 415	2 867	104 607	6 647	2 534
70	22	68		71	149	190	47
7	5	8	3	8	29	23	5
40				100	100	153	
	113	54					67
27							
–	–	–	–	–	–		–
						46	
							18
16	21	10	1	3	97	18	27
	18	54	1		7	2	
	–	–	–	–	3		–
68	111	64	134	26	443	433	45
117	1 710	1 877	164	69	832	1 166	314
6 586	1 700	9 612	11 557	61		1 654	1 713
10 157	581	887	400	500	259	223	259

9－15　林业生产

指　　标	单　　位	2004 年	2003 年
一、营林情况			
1．当年造林面积	公顷	6 440	20 972
用材林	公顷		67
经济林	公顷	27	830
防护林	公顷	6 413	20 042
薪炭林	公顷		
其它林	公顷		
2．迹地更新面积	公顷		
3．年末实有封山育林面积	公顷	169 792	156 060
4．零星（四旁）植树	万株	1 006	1 344
5．育苗面积	公顷	105	143
6．幼林抚育作业面积	公顷	586	67
7．成林抚育面积	公顷	234	5 343
8．低产林改造面积	公顷	27	13
二、林产品产量			
1．生漆	吨		1
2．油桐籽	吨	47	57
3．油茶籽	吨	18	23
4．乌桕籽	吨		
5．棕片	吨	218	256
6．松脂	吨	82	91
7．竹笋片	吨	3	6
8．核桃	吨	1 495	1 341
9．板栗	吨	6 838	6 298
三、全社会的竹木采伐量			
1．木材	万立方米	4.18	1.69
2．竹材	万根	13 594	2 508

9-16 分县（市）区灌溉面积情况

（2004年）　　　　单位：千公顷

地　区	农田有效灌溉面积	#水田	林地果园灌溉面积	在灌溉面积中机电排灌面积	旱涝保收面　积
全市合计	**135.93**	**73.05**	**9.29**	**47.35**	**89.1**
西山区	5.93	2.61	0.3	2.99	4.01
官渡区	8.77	4.13	1.89	8.28	8.36
东川区	7.26	3.53	1.3	0.24	5
呈贡县	5.37	3.04	0.22	3.57	4.56
晋宁县	11.35	9.68	0.03	4.58	9.98
安宁市	6.93	4.92	0.7	2.71	5.81
富民县	5.99	3.41	0.15	2.14	3.34
宜良县	14.99	11.13	0.05	7.2	9.94
石林县	14.97	4.73	0.41	4.39	6.1
嵩明县	18.77	10.71	0.3	4.27	11.19
禄劝县	17.24	5.7	3.8	5.36	9.56
寻甸县	18.36	9.46	0.14	1.35	11.25

9－17 分县（市）区乡镇

（2004年）

指　　标	单位	全市	官渡区	西山区	东川区	呈贡县
一、企业单位数	个	125 350	44 127	23 105	1 426	3 460
二、从业人口年末数	人	705 815	264 090	123 982	11 276	30 979
三、增加值（现价）	万元	1 611 055	807 446	297 654	12 601	56 944
四、工业总产值（现价）	万元	3 413 973	1 856 962	428 877	27 293	176 275
五、营业收入	万元	13 185 476	7 347 906	2 758 368	41 579	364 763
六、利税总额	万元	810 934	461 271	131 358	6 936	20 409
七、总产值	万元	9 060 066	4 419 629	2 177 088	42 586	314 766
八、实交税金	万元	198 925	107 840	36 993	2 056	5 668
九、固定资产原值	万元	3 052 432	1 509 136	461 002	24 096	137 365
十、劳动者报酬	万元	476 122	210 705	100 214	3 825	16 749

企业主要指标

晋宁县	富民县	宜良县	石林县	嵩明县	禄劝县	寻甸县	安宁市
7 983	3 810	7 245	6 352	7 273	7 187	6 793	6 589
42 043	33 019	40 932	28 750	39 136	29 543	19 850	42 215
61 345	56 084	75 068	34 528	60 119	24 491	24 172	100 603
173 429	76 945	125 977	49 496	181 320	26 205	42 641	248 553
416 811	363 230	378 920	177 494	415 176	158 230	87 014	675 985
28 171	34 080	22 829	12 085	23 538	10 697	10 046	49 514
361 545	310 573	303 902	149 891	386 917	106 262	79 211	407 696
8 004	4 532	4 459	3 265	10 307	1 891	2 439	11 471
114 546	64 835	129 744	85 832	152 309	73 244	80 787	219 536
21 370	16 828	23 436	11 638	21 789	9 496	8 274	31 798

9－18 乡镇企业

（2004年）

	企业个数	从业人员年末数	增加值	总产值	营业收入	利润总额
	1	2	3	4	5	6
总　计	**125 350**	**705 815**	**1 611 055**	**9 060 066**	**13 185 476**	**604 329**
一、按登记注册类型分组						
1．内资企业小计	125 331	703 649	1 605 923	9 019 007	13 141 738	602 872
其中：（1）集体企业	476	42 090	64 992	364 521	382 923	13 116
（2）股份合作企业	13	2 846	4 438	11 751	11 560	463
（3）联营企业	9	934	2 180	8 020	7 683	175
（4）有限责任公司	1 770	83 297	247 029	1 572 871	2 494 147	72 024
（5）股份有限公司	0					
（6）私营企业	5 448	142 888	311 437	1 797 187	2 443 168	88 395
（7）个体独资企业	0					
（8）其他企业	117 615	431 594	975 847	5 264 657	7 802 257	428 699
2．港、澳、台商投资企业	13	1 739	3 876	17 420	16 941	804
3．外商投资企业	6	427	1 256	23 639	26 797	653
二、按国民经济行业分组						
1．农、林、牧渔业	376	5 480	7 751	48 967	48 967	2 690
2．采矿业	1 599	44 542	67 577	302 268	327 192	21 744
其中：规模以上	28	3 850	12 683	51 831	52 588	3 744
3．制造业	15 454	196 674	455 201	3 111 705	3 130 696	136 428
其中：规模以上	424	48 954	138 622	1 051 587	1 028 083	32 489
4．建筑业	1 457	109 382	144 115	825 566	845 284	36 510
其中：资质等级以外企业	710	14 739	25 042	185 877	183 351	9 771
5．交通运输仓储业	24 834	43 885	131 630	814 046	814 738	54 468
6．批发零售业	53 516	178 076	546 486	2 162 305	6 181 801	249 183
7．住宿及餐饮业	15 692	73 478	138 688	915 185	941 701	55 152
其中：餐饮业	10 309	50 101	85 067	572 555	587 695	35 103
8．社会服务业	9 952	37 933	69 031	491 921	505 692	30 701
9．其他	2 470	16 365	50 576	388 103	389 405	17 454

主要经济指标

单位：个、人、万元

利税总额	上交税金	其中：所得税	固定资产原值	固定资产净值	劳动者报酬
7	8	9	10	11	12
810 934	**198 925**	**29 085**	**3 052 432**	**2 208 642**	**476 122**
808 771	198 213	28 988	3 032 274	2 192 289	473 698
24 937	10 887	1 360	205 969	148 337	29 336
1 109	653	48	24 390	17 415	2 056
715	540	61	6 394	3 091	496
121 790	48 004	10 116	604 750	457 519	71 545
130 710	46 063	6 928	807 683	598 866	96 697
529 510	92 066	10 475	1 383 088	967 061	273 568
1 418	617	49	18 178	14 867	2 006
745	95	48	1 980	1 486	418
3 113	632	112	31 936	29 030	2 741
31 350	8 908	1 136	132 489	101 501	23 284
6 929	3 082	510	26 202	16 920	2 821
207 903	62 875	9 332	981 357	759 779	139 840
60 187	27 902	4 863	388 000	279 181	45 616
55 202	20 496	3 382	246 627	189 755	64 295
12 114	4 044	673	27 277	24 961	11 357
68 129	11 188	1 148	216 248	139 677	35 939
308 722	61 501	10 063	938 589	583 770	130 505
68 228	13 087	1 209	249 056	189 277	44 768
44 349	8 414	767	130 631	99 111	26 666
38 727	8 653	1 213	161 575	132 862	20 890
29 560	11 585	1 490	94 555	82 991	13 860

9－19　农业机械拥有量

（2004年）

指　　标	单位	全市	官渡区	西山区	东川区	呈贡县
一、农业机械总动力	万瓦特	233 645.39	25 327.41	6 911.43	10 128.78	21 067.86
柴油发动机动力	万瓦特	155 992.89	17 678.85	4 415.99	5 212.62	16 685.68
汽油发动机动力	万瓦特	20 861.7	3 688.69	1 313.27	637.71	2075.12
电动机动力	万瓦特	56 634.08	3 959.87	1 182.17	4 130.64	2 307.06
二、机械耕耙面积	亩	2 215 907	112 245	62 547	55 750	86 000
机耕面积	万瓦特	1 144 310	60 835	39 852	24 525	45 000
耕耙面积	万瓦特	1 071 597	51 410	22 695	31 225	41 000
三、机播面积	亩	11 513	500	515	0	0
四、机电灌溉面积	亩	530 158	111 580	43 630	11 868	35 000
五、机电植保作业面积	亩	473 188	51 423	10 000	6 500	23 700
六、机械收获面积	亩	134 459	5 000	3 805	0	0
机收小春面积	亩	50 963	1 900	505		
机收水稻面积	亩	83 496	3 100	3 300		
七、其它机化作业						
机修梯田面积	亩	750			750	
免耕播种面积	亩	120				

及农机化作业程度

晋宁县	富民县	宜良县	石林县	嵩明县	禄劝县	寻甸县	安宁市
16 569.17	13 724	25 870.39	17 855	35 632.23	20 644.74	19 013.5	20 900.88
10 832.52	8 121.82	17 336.31	12 130.02	2 437.6	13 123.37	14 106.89	11 977.22
1 815.12	1 810.26	1 060.84	1 130.4	3 295.6	232.65	360.01	3 442.03
3 921.52	3 783.01	7 473.25	4 594.59	7 965.03	7 288.71	4 546.6	5 481.63
348 866	90 454	491 750	250 912	363 833	83 900	138 950	130 700
173 968	50 784	247 200	135 548	183 325	41 500	74 700	67 073
174 898	39 670	244 550	115 364	180 508	42 400	64 250	63 627
3 940	0	0	0	0	0	5 000	1 558
90 720	20 200	53 470	44 525	42 695	20 570	19 450	36 450
140 300	23 428	129 460	5 000	16 000	18 500	12 540	36 337
20 090	0	86 017	2 750	8 968	0	5 000	2 829
11 680		27 517	1 150	4 260		3 800	151
8 410		58 500	1 600	4 708		1 200	2 678
120							

主要指标解释

农林牧渔业增加值　指在报告期内农林牧渔业生产单位和农户从事农、林、牧、渔业生产经营活动所提供的最终成果的货币表现。统计范围包括国营、集体统一经营、农民家庭经营及其他经济形式的农林牧渔业企业，但不包括农业科研机构进行的农林牧渔业生产活动，也不包括军事部门的军马生产。农林牧渔业增加值采用生产法和分配法两种方法计算。

农林牧渔业总产值　指以货币表现的农林牧渔业全部产品总量，它用价值量形式综合反映一定时期内农林牧渔业生产的总成果和总规模。

农、林、牧、渔业的统计范围是：

(1) 农业：包括种植业和其他农业。种植业包括谷物、豆类、油料、棉花、麻类、糖料、烟叶、药材、薯类、蔬菜、瓜类、饲料作物等种植业，茶、桑、果种植业。

其他农业包括野生植物的果实、纤维、油料和野生药材、菌类、柴草等的采集，以及农民家庭兼营手工业商品部分。

(2) 林业：包括人工植树造林、森林抚育、迹地更新，村及村以下竹、木材采伐。油桐籽、油茶籽、核桃等林产品的采集。

(3) 牧业：包括猪、牛、羊等的饲养和放牧业，鸡、鸭、鹅等的家畜养殖业以及兔、蚕、蜂多小动物饲养，野生动物的狩猎、诱捕、猎物饲养，野生动物产品的采集。

(4) 渔业：包括利用海水进行鱼、虾、贝、藻类等水生动、植物的养殖和对海洋水生动、植物的捕捞；还包括在内陆水域进行鱼、虾、蟹、贝类、珍珠等水生动物的养殖和捕捞。

农业林牧渔业总产值的计算方法，一般采用“产品法”进行计算，即凡是有产品产量的，都按产品产量乘以其产品单价求得每一种农产品的产值，然后将四业产品的产值相加求得。

农村经济总收入　指农村集体经济组织和农户一年之中经营生产性和服务性活动所得的可以用于抵偿本年开支，并在国家、集体和农民个人之间进行分配的全部收入。不包括那些不能用来分配，属于借贷性质或暂收性质的收入，如贷款收入、预购定金、国家投资、农村投资等。

粮食产量　指全社会的产量，包括国营农场等全民所有制经营、集体统一经营的和农民家庭经营的产量，还包括工矿企业家属办的农场和其他生产单位的产量。粮食除包括稻谷、小麦、玉米、高粱、谷子及其他杂粮外，还包括薯类和豆类。其产量计算方法，豆类按去豆荚后的干豆计算，薯类按5公斤鲜薯折1公斤粮食计算，其他粮食一律按脱粒后的原粮计算。

猪、牛、羊肉产量　指当年出栏并已屠宰的猪、牛、羊的肉产量。即屠宰后除去头蹄下水后带骨的(即胴体重)重量。

水产品产量　指本年度内捕捞的水产品产量(包括人工养殖和天然生长)。它可分为海水产品和淡水产品两大类。海水产品包括海水的鱼类、虾蟹类、贝类和藻类；淡水产品包括淡水的鱼类、虾蟹类和贝类，不包括淡水水生植物。

有效灌溉面积　指具有一定的水源，地块比较平整，灌溉工程或设备已经配套，在一般年景下当年能够进行正常灌溉的耕地面积。

农业机械总动力　指主要用于农、林、牧、副、渔业的耕作机械、排灌机械、收获机械、农产品加工机械、运输机械、植保机械、林业机械、渔业机械和其他农业机械等各种动力机械的动力总和。电动机动率按千瓦计算，内燃机动力按引擎马力折成千瓦计算。

农用化肥施用量　指在本年度内实际用于农业生产的化肥数量。包括氮肥、磷肥、钾肥及复合肥。施用量按标准量及折纯量两种方法计算。按折纯量计算化肥数量，即把氮肥、磷肥、钾肥分别按含氮、含五氧化二磷、含氧化钾百分之百计算。

农村用电量　指本年度内扣除在农村中的全民所有制工业、交通、基建单位的用电量以后的农村生产上和生活上的全年用电总度数(全年累计数)，包括国家电网的供电量，也包括农村自办电站的供电量。

十、工　　业

GONGYE

注：此部分 2004 年数据为年快报数。

10-1 全部国有及年产品销售收入500万元以上

2004年

指 标 名 称	企业单位数（个）	亏损企业	工业总产值（现行价格）	工业增加值（现行价格）	工业销售产值
总 计	**672**	**282**	**75 002 819**	**27 757 980**	**74 849 125**
一、按经济类型分					
1. 国有企业	198	119	23 292 541	13 273 542	23 755 029
2. 集体企业	70	33	3 694 189	1 859 383	3 656 547
3. 股份合作企业	19	9	440 260	149 804	398 736
4. 股份制企业	285	86	39 787 530	10 387 253	39 456 436
5. 外商和港澳台商投资	78	27	6 965 448	1 878 380	6 763 405
6. 其他企业	22	8	822 851	209 618	818 972
二、在总计中：国有控股企业	325	158	57 193 981	22 131 846	56 970 724
在总计中：农村工业	142	54	4 307 347	1 070 587	4 327 801
在总计中：大中型企业	122	37	57 314 914	22 843 578	57 311 458
三、按轻重工业分					
轻工业	233	98	22 968 842	13 548 536	22 981 069
重工业	439	184	52 033 977	14 209 444	51 868 056
四、按工业行业分（GB/T4754-2002标准）					
煤炭开采和洗选业	3	2	123 520	47 481	199 060
有色金属矿采选业	2	1	242 604	70 559	232 785
非金属矿采选业	8	1	532 660	313 758	994 605
农副食品加工业	30	15	2 099 354	395 797	2 434 356
食品制造业	21	9	1 029 620	65 329	678 654
饮料制造业	20	12	371 634	103 131	364 039
烟草制品业	3		12 992 410	10 489 623	13 323 550
纺织业	9	7	258 333	45 736	242 899
纺织服装、鞋、帽制造业	6	2	89 610	23 702	69 927
皮革、毛皮、羽毛（绒）及其制品业	1	1	1 013	220	1 013
木材加工及木、竹、藤、棕、草制品业	10	8	218 972	26 218	222 423
家具制造业	3	1	46 021	4 627	40 727

非国有独立核算工业企业主要经济指标

单位：千元

产品销售收入	产品销售成本	产品销售费用	产品销售税金及附加	产品销售利润	管理费用	财务费用	利息支出
74 520 557	**54 232 879**	**2 555 884**	**5 601 108**	**12 130 686**	**5 248 598**	**1 314 007**	**1 252 116**
23 510 437	13 684 789	452 012	5 022 627	4 351 009	1 882 880	174 485	172 176
3 618 208	2 748 258	88 334	372 564	409 052	487 150	87 673	86 841
380 416	294 433	10 950	2 365	72 668	48 244	10 336	10 333
39 145 418	31 252 939	1 447 248	196 864	6 248 367	2 418 840	984 416	938 815
7 082 810	5 592 466	501 939	3 137	985 268	382 042	50 808	38 966
783 268	659 994	55 401	3 551	64 322	29 442	6 289	4 985
57 170 884	40 268 423	1 627 194	5 185 198	10 090 069	3 978 413	1 071 194	1 028 317
4 039 172	3 700 590	179 090	22 138	137 354	161 718	46 742	36 383
57 189 010	40 040 642	1 679 671	5 519 345	9 949 352	3 787 631	911 780	876 516
21 660 317	10 321 326	1 262 281	5 350 476	4 726 234	1 788 531	182 141	168 573
52 860 240	43 911 553	1 293 603	250 632	7 404 452	3 460 067	1 131 866	1 083 543
171 119	140 520	5 224	1 758	23 617	34 174	5 758	5 757
233 174	183 933	6 026	651	42 564	13 707	18	18
1 152 812	683 711	159 724	20 401	288 976	155 302	14 859	14 755
1 987 517	1 798 433	66 272	1 202	121 610	63 334	16 528	15 083
692 480	573 375	68 973	3 247	46 885	42 641	4 850	4 505
371 819	264 806	87 125	6 202	13 686	34 739	5 516	4 969
12 555 630	3 889 300	280 460	5 210 100	3 175 770	879 300	46 359	46 359
237 304	227 705	7 980	374	1 245	95 114	29 658	29 648
76 185	66 107	3 664	144	6 270	7 899	161	160
169	64			105	807		
230 865	223 462	11 368	591	– 4 556	36 435	8 519	8 286
27 908	25 337	765	468	1 338	2 289	740	

续 10－1

指 标 名 称	企 业 单位数 （个）	亏损企业	工业总产值 （现行价格）	工业增加值 （现行价格）	工 业 销售产值
造纸及纸制品业	12	7	327 927	102 551	316 438
印刷业和记录媒介的复制	36	14	1 351 474	413 279	1 240 035
文教体育用品制造业	2		2 205	1 104	1 894
石油加工、炼焦及核燃料加工业	4	1	691 015	298 624	56 916
化学原料及化学制品制造业	102	35	7 761 373	1 704 676	7 297 655
医药制造业	43	11	2 864 437	1 339 816	2 731 883
化学纤维制造业	1		395 353	151 618	402 593
橡胶制品业	6	4	92 975	794	87 977
塑料制品业	32	12	559 029	118 328	535 039
非金属矿物制品业	52	19	1 802 051	849 482	2 561 902
黑色金属冶炼及压延加工业	30	13	11 813 707	4 024 386	12 111 903
有色金属冶炼及压延加工业	27	13	12 486 025	1 495 858	12 485 080
金属制品业	27	13	595 733	152 198	577 665
通用设备制造业	37	24	1 275 005	389 556	1 050 866
专用设备制造业	31	12	1 692 370	507 971	1 837 318
交通运输设备制造业	25	12	2 609 674	687 685	2 506 631
电气机械及器材制造业	29	11	1 619 920	310 426	1 561 381
通信设备、计算机及其他电子设备制造业	4		518 685	106 499	444 051
仪器仪表及文化、办公用机械制造业	20	10	526 446	173 645	534 085
工艺品及其他制造业	1		19 214	6 400	19 055
电力、热力的生产和供应业	21	4	6 927 641	2 974 973	6 647 590
燃气生产和供应业	2	1	354 271	70 180	634 872
水的生产和供应业	12	7	438 063	291 750	402 258

注：工业总产值总计中含黑色金属矿采选业及废弃资源和废旧材料回收加工业，分行业中因两个行业无增加值等指标故这两个行业的产值未在本表中反映。

单位：千元

产品销售收入	产品销售成本	产品销售费用	产品销售税金及附加	产品销售利润	管理费用	财务费用	利息支出
285 670	249 717	9 888	1 137	24 928	20 869	6 165	6 138
1 298 715	929 786	23 730	4 002	341 197	115 283	12 697	11 789
2 740	1 756	217	26	741	425	－18	－18
59 920	49 694	2 291	129	7 806	4 515	3 161	3 154
7 420 993	5 972 866	368 983	22 799	1 056 345	527 576	173 854	150 355
2 590 052	1 079 172	688 411	18 830	803 639	368 467	48 523	40 142
409 302	316 594	470		92 238	27 996	－2 674	－2 686
74 821	69 321	2 849	325	2 326	24 167	7 241	7 241
588 232	513 998	16 049	2 865	55 320	80 487	11 481	10 854
2 543 545	2 286 553	81 241	14 741	161 010	242 597	51 334	49 888
12 131 674	9 782 192	202 079	87 321	2 060 082	727 620	238 922	233 471
12 334 957	11 215 789	147 322	20 155	951 691	287 932	226 477	217 143
585 502	504 384	13 460	3 719	63 939	68 110	3 389	2 741
1 098 613	897 338	47 952	3 749	149 574	159 151	26 870	26 933
1 842 921	1 424 160	39 899	9 060	369 802	378 450	38 443	37 950
3 092 288	2 638 739	81 067	10 645	361 837	257 739	58 577	53 736
1 612 875	1 362 553	74 626	3 074	172 622	139 069	38 031	37 183
407 997	346 245	7 657	867	53 228	36 746	4 079	3 960
534 827	413 388	23 475	1 614	96 350	87 026	12 440	12 439
22 511	19 022	18	72	3 399	1 371	－71	－71
6 755 373	5 200 192	12 433	43 567	1 499 181	228 034	221 476	219 818
690 195	634 407	5 621	4 310	45 857	57 860	－1 853	－1 872
399 852	248 260	8 565	102 963	40 064	41 367	2 497	2 288

续 10－1

指 标 名 称	利润总额	亏损企业亏损总额	利税总额	资产总计	流动资产平均余额
总 计	**6 865 851**	**1 064 325**	**16 890 381**	**115 143 682**	**48 171 205**
一、按经济类型分					
1．国有企业	2 630 822	593 899	9 787 116	43 760 983	16 511 607
2．集体企业	10 210	30 059	585 496	3 751 260	2 107 298
3．股份合作企业	36 365	17 611	64 410	1 007 029	512 901
4．股份制企业	3 524 883	332 450	5 537 248	57 875 203	24 857 311
5．外商和港澳台商投资	631 501	85 549	866 854	8 093 496	3 924 771
6．其他企业	32 070	4 757	49 257	655 711	257 317
二、在总计中：国有控股企业	5 927 801	770 278	14 840 621	94 300 852	37 429 440
在总计中：农村工业	47 441	70 921	175 941	3 613 326	1 768 649
在总计中：大中型企业	6 110 684	545 924	15 339 831	85 481 640	35 932 884
三、按轻重工业分					
轻工业	3 124 472	289 386	10 593 878	31 041 847	15 388 559
重工业	3 741 379	774 939	6 296 503	84 101 835	32 782 646
四、按工业行业分（GB/T4754－2002 标准）					
煤炭开采和洗选业	1 090	1 749	20 474	376 952	82 649
有色金属矿采选业	30 100	61	37 726	163 007	69 130
非金属矿采选业	138 909	1 708	256 198	2 116 815	741 026
农副食品加工业	22 601	17 348	41 578	1 267 797	826 611
食品制造业	－929	22 824	26 572	740 766	292 159
饮料制造业	－26 795	33 914	－347	645 554	245 435
烟草制品业	2 469 900		9 356 040	14 755 920	8 225 111
纺织业	－25 753	58 782	－17 369	1 087 115	370 128
纺织服装、鞋、帽制造业	1 654	291	3 393	180 394	89 515
皮革、毛皮、羽毛（绒）及其制品业	－423	423	－408	10 495	3 509
木材加工及木、竹、藤、棕、草	－28 466	30 169	－20 847	783 938	267 549
家具制造业	－1 667	2 290	－152	48 471	16 970

单位：千元

应收帐款净额	产成品	固定资产平均余额	负债合计	所有者权益	应交增值税	工业中间投入	全部从业人员平均人数（人）
7 545 874	**4 582 624**	**43 925 094**	**65 788 386**	**49 355 296**	**4 423 422**	**42 821 417**	**215 961**
2 100 634	1 018 901	17 447 820	22 107 715	21 653 268	2 133 667	7 885 332	75 156
659 675	224 059	1 294 487	2 890 082	861 178	202 722	1 632 084	12 693
55 231	161 734	266 765	508 814	498 215	25 680	264 776	2 923
4 088 466	2 537 584	21 614 138	36 242 336	21 632 867	1 815 501	27 584 776	104 288
611 934	538 955	3 047 136	3 648 209	4 445 287	232 216	4 854 852	16 181
29 934	101 391	254 748	391 230	264 481	13 636	599 597	4 720
5 452 324	3 004 612	37 477 370	54 077 691	40 223 161	3 727 622	31 334 513	155 037
404 713	408 828	1 141 447	2 427 148	1 186 178	106 362	3 130 398	20 521
5 308 008	2 716 095	32 082 580	47 689 545	37 792 095	3 709 802	30 761 534	139 293
2 178 708	1 119 232	9 728 780	12 289 215	18 752 632	2 118 930	7 301 376	54 215
5 367 166	3 463 392	34 196 314	53 499 171	30 602 664	2 304 492	35 520 041	161 746
30 735	12 877	179 895	238 347	138 605	17 626	58 413	1 512
636	23 099	20 680	80 279	82 728	6 975	165 070	1 423
111 722	109 918	947 276	955 654	1 161 161	96 888	122 014	9 702
130 786	62 135	272 995	827 072	440 725	17 775	1 685 782	3 607
61 579	33 027	346 425	463 569	277 197	24 254	940 037	4 093
27 639	54 670	336 857	507 832	137 722	20 246	248 257	3 909
644 872	258 096	3 669 051	3 583 920	11 172 000	1 676 040	826 747	6 413
25 084	118 303	488 320	1 025 751	61 364	8 010	204 587	9 546
21 164	40 081	51 070	126 403	53 991	1 595	64 313	1 327
	1	2 138	5 925	4 570	15	778	275
31 355	28 331	301 578	669 365	114 573	7 028	185 726	2 291
1 270	13 834	12 597	23 287	25 184	1 047	40 347	209

续 10－1

指 标 名 称	利润总额	亏损企业亏损总额	利税总额	资产总计	流动资产平均余额
造纸及纸制品业	2 809	11 888	16 417	399 424	211 004
印刷业和记录媒介的复制	223 066	26 805	280 070	2 019 707	850 682
文教体育用品制造业	334		632	7 455	4 207
石油加工、炼焦及核燃料加工业	2 610	4 402	5 696	75 023	31 337
化学原料及化学制品制造业	556 611	198 801	784 066	13 270 799	4 951 879
医药制造业	425 118	57 535	687 970	5 714 181	2 731 893
化学纤维制造业	64 881		88 782	588 643	328 443
橡胶制品业	－29 426	30 059	－24 321	187 753	85 515
塑料制品业	－25 400	35 311	－3 577	868 973	483 552
非金属矿物制品业	58 005	49 982	202 774	4 189 215	1 855 968
黑色金属冶炼及压延加工业	1 245 747	154 776	2 127 507	17 153 310	5 089 677
有色金属冶炼及压延加工业	576 169	7 776	783 566	15 441 173	7 787 039
金属制品业	772	19 939	18 081	807 260	480 098
通用设备制造业	－17 295	69 964	35 789	2 578 088	1 306 696
专用设备制造业	17 792	89 822	101 826	3 851 494	2 456 646
交通运输设备制造业	50 623	81 142	160 570	4 248 804	2 528 215
电气机械及器材制造业	8 194	23 312	43 745	2 236 173	1 448 229
通信设备、计算机及其他电子设备制造业	18 471		20 646	893 920	507 643
仪器仪表及文化、办公用机械制造业	26 693	14 450	32 707	1 304 435	659 372
工艺品及其他制造业	2 099		2 802	23 147	19 865
电力、热力的生产和供应业	1 078 292	9 599	1 650 926	14 004 139	2 161 804
燃气生产和供应业	－3 211	6 916	46 912	1 053 354	470 179
水的生产和供应业	2 676	2 287	123 937	2 049 988	491 470

单位：千元

应收帐款净　额	产成品	固定资产平均余额	负债合计	所有者权　益	应　交增值税	工　　业中间投入	全部从业人员平均人数（人）
42 200	26 926	148 691	311 757	87 667	12 471	212 905	2 120
136 865	89 012	816 084	898 871	1 120 836	53 002	885 193	6 005
731	761	3 224	1 834	5 621	272	829	45
12 062	3 346	17 080	78 959	－3 936	2 957	389 434	295
724 272	672 376	5 310 060	10 345 474	2 925 325	204 656	5 852 041	24 718
847 360	334 333	1 521 926	2 672 891	3 041 290	244 022	1 280 599	9 057
16 123	15 813	120 796	43 564	545 079	23 901	219 834	337
8 961	17 147	54 316	217 645	－29 892	4 780	87 401	1 929
107 560	84 851	315 309	587 608	281 365	18 958	421 743	3 680
916 587	219 024	1 725 314	2 564 586	1 624 629	130 028	822 541	13 852
417 006	314 209	7 014 163	7 429 327	9 723 983	794 439	6 994 882	28 764
434 072	515 479	4 231 100	9 692 471	5 748 702	187 242	10 802 925	11 994
65 789	98 563	178 356	568 253	239 007	13 590	429 945	3 804
176 533	357 565	585 544	1 535 204	1 042 884	49 335	836 114	11 121
811 894	302 976	843 126	3 063 690	787 804	74 974	1 109 425	16 866
292 451	242 051	976 962	2 816 863	1 431 941	99 302	1 822 687	9 437
442 007	419 394	416 520	1 666 819	569 354	32 477	1 277 017	7 286
243 005	15 690	113 951	277 904	616 016	1 308	410 878	1 046
193 347	83 579	348 312	762 312	542 123	4 400	348 401	6 485
1 866	235	2 587	9 001	14 146	631	12 183	85
464 968		10 731 349	10 555 526	3 448 613	529 067	3 423 601	7 646
42 029	14 676	453 517	475 807	577 547	45 813	238 278	2 552
61 344	246	1 367 925	704 616	1 345 372	18 298	128 015	2 530

10－2 全部国有及年产品销售收入500万元以上非国有独立核算工业企业综合效益指数

（2004年）

指标名称	综合指数（%）	总资产贡献率（%）	资本保值增值率（%）	资产负债率（%）	流动资产周转率（次）	成本费用利润率（%）	全员劳动生产率（元/人）	产品销售率（%）
总计	**234.60**	**31.51**	**115.47**	**57.14**	**1.55**	**10.84**	**129 730**	**99.80**
一、按经济类型分								
1. 国有企业	310.58	45.52	123.28	50.52	1.42	16.25	178 036	101.99
2. 集体企业	195.94	35.85	103.71	77.04	1.72	0.30	137 056	98.98
3. 股份合作企业	143.96	14.84	96.01	50.53	0.74	9.99	56 305	90.57
4. 股份制企业	186.54	22.38	110.43	62.62	1.57	9.76	104 344	99.17
5. 外商及港澳台商投资	199.28	22.38	111.14	45.08	1.80	9.67	104 213	97.10
6. 其他经济类型企业	138.27	16.54	110.22	59.67	3.04	4.27	34 683	99.53
二、在总计中：国有控股企业	256.35	33.66	115.97	57.35	1.53	12.63	148 123	99.61
在总计中：农村工业	106.56	11.75	126.93	67.17	2.28	1.16	43 438	100.47
在总计中：大中型工业企业	279.36	37.94	115.66	55.79	1.59	13.16	168 461	99.99
在总计中：扣除烟草	156.98	17.41	115.07	61.96	1.55	7.55	84 011	99.22
三、按轻重工业分								
轻工业	420.83	69.34	112.50	39.59	1.41	23.05	246 804	101.62
重工业	161.88	17.55	117.37	63.61	1.61	7.51	90 488	99.01
四、按工业行业分（GB/T4754－2002标准）								
煤炭开采和洗选业	105.76	13.92	106.45	63.23	2.07	0.59	46 391	102.46
有色金属矿采选业	253.90	46.31	152.10	49.25	3.37	14.78	53 557	100.09
非金属矿采选业	183.49	25.60	107.89	45.15	1.56	13.70	47 769	97.72
农副食品加工业	131.80	8.94	120.01	65.24	2.40	1.16	89 601	116.72
食品制造业	91.33	8.39	115.88	62.58	2.37	－0.13	37 244	101.94
饮料制造业	32.69	1.43	88.52	78.67	1.51	－6.83	24 913	99.03
烟草制品业	1 461.60	127.44	116.85	24.29	1.53	48.47	1635 681	102.55
纺织业	4.28	2.26	43.28	94.36	0.64	－7.14	6 131	81.70
纺织服装、鞋、帽制造业	60.10	3.94	114.77	70.07	0.85	2.13	15 271	81.30

续 10 - 2

指 标 名 称	综 合 指 数 (%)	总资产 贡献率 (%)	资 本 保 值 增值率 (%)	资 产 负债率 (%)	流 动 资 产 周转率 (次)	成 本 费 用 利润率 (%)	全 员 劳 动 生产率 (元/人)	产 品 销售率 (%)
皮革、毛皮、羽毛（绒）及其制品业	-159.60	-7.78	88.02	56.46	0.05	-48.56	793	100.00
木材加工及木、竹、藤、棕、草制品业	-3.07	-3.20	109.07	85.38	0.86	-10.17	7 611	98.02
家具制造业	47.27	-0.63	119.45	48.04	1.64	-5.72	22 416	90.76
造纸及纸制品业	93.86	11.29	114.84	78.05	1.35	0.98	44 099	96.79
印刷业和记录媒介的复制	225.12	28.90	111.00	44.51	1.53	20.63	64 315	91.76
文教体育用品制造业	145.95	16.47	124.58	24.60	0.65	14.03	25 711	85.51
石油加工、炼焦及核燃料加工业	152.96	23.59	172.64	105.25	1.91	4.37	61 702	97.46
化学原料及化学制品制造业	142.39	14.08	145.87	77.96	1.50	7.90	62 930	98.31
医药制造业	254.35	25.48	108.80	46.78	0.95	19.46	139 477	95.16
化学纤维制造业	485.92	29.25	107.62	7.40	1.25	18.95	507 036	101.83
橡胶制品业	-161.40	-18.19	-334.30	115.92	0.87	-28.41	-471	121.70
塑料制品业	44.42	1.67	84.28	67.62	1.22	-4.08	31 770	98.89
非金属矿物制品业	131.29	12.06	116.04	61.22	1.37	2.18	94 542	97.90
黑色金属冶炼及压延加工业	246.68	27.53	136.56	43.31	2.38	11.38	140 054	101.05
有色金属冶炼及压延加工业	170.54	12.96	114.08	62.77	1.58	4.85	136 562	99.49
金属制品业	71.15	5.16	83.66	70.39	1.22	0.13	39 450	97.29
通用设备制造业	68.87	4.87	92.12	59.55	0.84	-1.53	34 094	90.85
专用设备制造业	70.33	7.26	85.03	79.55	0.75	0.95	33 765	99.50
交通运输设备制造业	107.42	10.09	97.35	66.30	1.22	1.67	70 990	98.59
电气机械及器材制造业	81.15	7.24	105.76	74.54	1.11	0.51	45 947	89.55
通信设备、计算机及其他电子设备制造业	134.05	5.51	101.45	31.09	0.80	4.68	97 839	98.54
仪器仪表及文化、办公用机械制造业	93.63	6.92	108.59	58.44	0.81	4.98	22 655	101.17
工艺品及其他制造业	173.85	23.60	107.95	38.89	1.13	10.32	58 259	132.28
电力、热力的生产和供应业	420.20	26.72	109.00	75.37	3.12	19.04	394 256	99.45
燃气生产和供应业	91.05	8.55	93.80	45.17	1.47	-0.46	40 020	100.15
水的生产和供应业	137.19	12.31	102.36	34.37	0.81	0.89	104 962	99.86

10－3　主要年份全市主要工业产品产量

2004年

产　品　名　称	计量单位	2004年	2003年	2002年	2004年比2003年±%
原煤	吨	3 324 376	2 592 610	1 666 091	28.23
铁矿石原矿量	吨	932 610	987 800	1 325 920	－5.59
铜精矿含铜量	吨	14 047	13 165	19 581	6.70
硫铁矿（折含硫35%）	吨	22 000	－	4 000	－
磷矿石（折含P2O5 30%）	吨	10 817 658	10 299 348	11 187 020	5.03
原盐	吨	518 529	344 526	197 388	50.51
发电量	万千瓦小时	1 148 076	1 056 725	780 553	8.64
自来水生产量	万吨	21 246	22 550	23 825	－5.78
大米	吨	4 089	2 052	2 347	99.27
小麦粉	万吨	5	5	4	－
食用植物油	吨	15 040	10 298	4 502	46.05
糖	吨	21	27	26	－22.22
配混合饲料	吨	690 775	555 738	435 342	24.30
糖果	吨	97	20	270	385.00
糕点	吨	16 932	9 814	10 614	72.53
饼干	吨	204	200	218	1.85
方便主食品	吨	29 980	13 444	－	123.00
乳制品	吨	56 031	21 069	2 239	165.94
罐头	吨	1 516	1 345	1 244	12.71
酱油	吨	10 807	9 826	8 803	9.98
饮料酒	千升	45 643	45 382	－	0.58
软饮料	吨	266 593	228 251	101 263	16.80
液体乳	吨	54 026	16 711	25 252	223.30
冷冻饮品	吨	2 523	1 872	2 600	34.75
精制茶	吨	1 131	1 043	775	8.44
复烤烟叶	吨	150 605	144 794	120 487	4.01
卷烟	万支	6 613 417	6 680 388	6 565 785	－1.00
化学纤维	吨	13 998	13 474	－	3.89
纱	吨	9 289	6 466	10 246	43.66
布	万米	838	987	1 635	－15.11
印染布	万米	289	1 631	1 281	－82.30
丝	吨	12	7	5	71.43

续表 10－3

产品名称	计量单位	2004年	2003年	2002年	2004年比2003年±%
针棉织品折用纱线量	吨	284	358	462	－20.76
服装	万件	392	395	448	－0.68
皮鞋	万双	148	107	113	38.17
锯材	立方米	2 003	3 512	5 378	－42.97
家具	件	536 597	367 576	462 185	45.98
机制纸	吨	21 974	17 854	19 488	23.08
机制纸板	吨	55 300	46 727	37 823	18.35
纸制品	吨	45 418	49 521	37 547	－8.29
润滑油	吨	4 103	3 389	312	21.07
焦炭	吨	2 179 360	2 065 347	1 881 376	5.52
煤气	万立方米	609 459	547 122	440 131	11.39
硫酸（折100%）	吨	2 455 434	1 801 006	1 500 942	36.34
盐酸（含量31%以上）	吨	38 559	26 004	35 402	48.28
氢氧化钠（烧碱）（折100%）	吨	39 932	19 093	35 365	109.14
碳化钙（电石）（折300升/千克）	吨	2 465	15 304	27 517	－83.89
黄磷	吨	80 526	98 017	116 753	－17.84
合成氨	吨	129 155	127 689	119 278	1.15
农用氮、磷、钾化学肥料总计（折纯）	吨	871 705	1 085 023	904 746	－19.66
磷酸铵肥	吨	702 207	493 284	176 232	42.35
化学农药	吨	390	1 199	1 122	－67.46
纯苯	吨	9 820	9 520	9 413	3.15
油漆	吨	6 817	6 011	6 585	13.41
建筑涂料	吨	2 070	1 995	2 155	3.76
油墨	吨	590	586	378	0.75
塑料树脂及共聚物	吨	27 009	13 777	23 192	96.04
炸药	吨	49 808	24 064	20 495	106.98
雷管	万支	2 660	2 734	2 169	－2.71
肥皂	吨	2 440	2 174	2 110	12.24
合成洗涤剂	吨	10 705	34 950	62 260	－69.37
香精	吨	1 861	1 757	661	5.92
牙膏（自然支）	万支	1 900	3 067	3 341	－38.05
化学原料药	吨	15	18	47	－17.22

续表 10 - 3

产品名称	计量单位	2004年	2003年	2002年	2004年比2003年±%
中成药	吨	4 866	4 444	3 410	9.50
轮胎外胎	条	2 739	98 585	100 555	-97.22
力车胎外胎	万条	299	580	743	-48.38
胶鞋	万双	645	92	144	601.04
塑料制品	吨	54 839	59 636	63 213	-8.04
水泥	万吨	430	393	369	9.51
砖（折标准砖）	万块	128 596	121 013	146 501	6.27
瓦	万片	247	624	1 652	-60.42
大理石板材	平方米	1 609 077	1 348 973	871 405	19.28
花岗石板材	平方米	2 113	1 747	-	20.95
商品混凝土	立方米	681 410	506 791	4 582	34.46
平板玻璃	重量箱	2 787 369	3 017 361	2 907 135	-7.62
日用玻璃制品	吨	15 755	15 950	22 385	-1.22
日用陶瓷	万件	1 505	1 150	1 191	30.88
耐火材料制品	吨	50 918	49 331	66 792	3.22
石墨及碳素制品	吨	6 095	5 726	4 752	6.44
生铁	吨	3 212 056	2 736 260	2 437 970	17.39
粗钢	吨	2 692 192	2 383 168	2 287 088	12.97
钢材	吨	2 891 969	2 438 436	2 016 641	18.60
铁合金	吨	62 004	49 373	64 935	25.58
十种有色金属	吨	522 659	416 848	423 842	25.38
黄金	千克	6 362	3 174	3 144	100.44
白银	千克	425 933	372 792	335 938	14.25
氧化铝	吨	29	43	-	-31.95
铜加工材	吨	66	60	47	10.00
铝材	吨	65 723	44 488	36 608	47.73
金属切削工具	万件	31	28	99	10.36
手工工具	万把	126	79	56	59.04
日用精铝制品	吨	87	21	65	313.90
锁	万把		1	1	-
工业锅炉	蒸发量吨	229	151	151	51.32
内燃机	万千瓦	809	801	788	0.96

续表 10－3

产品名称	计量单位	2004年	2003年	2002年	2004年比2003年±%
金属切削机床	台	4 234	3 618	4 818	17.03
锻压设备	吨	279	238	333	17.23
起重设备	吨	561	2 848	3 097	－80.29
输送机械	米	5 761	5 220	10 145	10.36
泵	台	141 872	6 398	5 340	2 117.44
风机	台	8	38	19	－78.95
减速机	台	265	232	343	14.22
轴承	万套	163	211	227	－22.99
阀门	吨	638	341	968	87.10
粉末冶金制品	吨	50	52	45	－3.85
矿山设备	吨	2 961	2 886	2 182	2.60
饲料加工机械	台	2 900	166	2 657	1 646.99
烟草加工机械	台（条、组）	5 976	4 613	2 637	29.55
印刷机	吨	1 400	800	－	75.00
化工设备	吨	1 404	1 506	1 530	－6.77
小型拖拉机	台	13 944	15 970	12 466	－12.69
农业运输机械	辆	46	266	114	－82.71
混凝土机械	台	201	155	178	29.68
汽车	辆	2 897	3 719	4 721	－22.10
改装汽车	辆	579	316	539	83.23
发电设备	千瓦	337 866	177 610	98 668	90.23
交流电动机	千瓦	1 088 474	1 122 560	1 201 686	－3.04
变压器	千伏安	5 166 022	3 535 000	2 866 180	46.14
高压开关板	面	315	295	301	6.78
电力电缆	公里	22 910	5 950	5 122	285.04
通讯电缆	公里	48 906	71 696	43 990	－31.79
钢芯铝绞线	吨	13 157	10 274	14 314	28.06
绝缘制品	吨	757	831	744	－8.90
蓄电池	千伏安时	98 277	60 848	56 175	61.51
干电池（折一号电池）	万只	7 761	7 076	7 646	9.69
光通信设备	部	288	242	119	19.01
打印机	部	57 817	41 873	73 389	38.08
自动化仪表及系统	台（套）	2 196	2 972	3 372	－26.11
光学仪器	台	1 833 829	1 988 060	1 544 274	－7.76

主要统计指标解释

工业 我国的工业包括以下四个方面的生产活动：(1) 对自然资源的开采。如采矿、晒盐、森林采伐等，但不包括禽兽捕猎和水产捕捞；(2) 对农副产品的加工，再加工，如粮油加工、食品加工、轧花、缫丝、纺织、制革等；(3) 对采掘品的加工、再加工，如炼铁、炼钢、轧钢、化工生产、石油加工、机械制造、木材加工等，以及电力、自来水、煤气的生产和供应等；(4) 对工业品的修理，翻新，如机械设备的修理，交通运输工具（包括小卧车）的修理等。

1984年以前农村的村及村以下办工业归属农业，1984年及以后划归工业。

国有经济 是指生产资料归国家所有的一种经济类型。包括中央和地方各级国家机关，事业单位和社会团体使用国有资产和使用自有资金投资举办的工业企业。1957年以前的公私合营和私营工业，后均改造为国营工业，这部分工业资料不单独列时，均包括在国有经济内。

集体经济 是指生产资料归公民集体所有的一种经济类型，包括城乡所有使用集体投资举办的工业企业，以及部分个人通过集体自愿放弃所有权并依法经工商行政管理机关认定为集体所有制的工业企业。

私营经济 是指生产资料归公民私人所有，以雇佣劳动力为基础的一种经济类型，包括私营独资企业，私营合伙企业和私营有限责任公司。

个体经济 是指生产资料归劳动者个人所有，以个体劳动为基础，劳动成果归劳动者个人占有和支配的一种经济类型。

其他经济 指除国有经济、集体经济和私营、个体经济以外的其他经济，包括联营经济、股份制经济、外商投资经济、港、澳、台投资经济等。

村及村以下工业 包括农村村办工业、城乡合作经营工业、城乡个体工业。

轻工业 指提供生活消费品和制作手工工具的工业，是为满足人们吃、穿、用需要的工业。按其所使用的原料不同，可分为两大类：(1) 以农产品为原料的轻工业，是指直接或间接以农产品为基本原料的轻工业。主要包括食品制造、饮料制造、烟草加工、纺织、缝纫、皮革和毛皮制作、造纸以及印刷等工业；(2) 以非农产品为原料的轻工业，是指以工业品为原料的轻工业，主要包括文教体育用品、化学药品制造、合成纤维制造、日用化学制品、日用玻璃制品、日用金属制品、手工工具制造、医疗器械制造、文化和办公用机械制造等工业。

重工业 指生产生产资料的工业，是为国民经济各部门提供物质技术基础的工业。按其生产和产品用途，可分为下列三大类：(1) 采掘（伐）工业，是指对自然资源的开采，包括石油开采、煤炭开采、金属矿开采、非金属矿开采和木材采伐等工业；(2) 原材料工业，是指提供国民经济各部门使用的原料、动力和燃料的工业。包括金属冶炼及加工、炼焦及焦炭化学、化工原料、水泥、人造板以及电力、石油和煤炭加工等工业；(3) 加工工业，是指对原材料进行加工制造的工业。包括装备国民经济各部门的机械设备制造工业、金属结构、水泥制品等工业，以及为农业提供的生产资料和化肥、农药等工业。

根据上述划分原则，修理业中修理作业对象是重工业的划为重工业，否则划为轻工业。

工业总产值 是以货币表现的工业企业在一定时间内生产的工业产品总量，它反映工业生产的总规模和总水平。它包括：在本企业内不再进行加工，经检验、包装入库的成品价值，工业性作业价值，自制半成品、在制品期末期初差额价值。工业总产值采用“工厂法”计算，即以工业企业作为一个整体，按企业工业生产活动的最终成果计算，企业内部不允许重复计算，不能把企业内部各个车间（分厂）生产的成果相加。但在企业之间、行业之间、地区之间存在重复计算。

轻重工业总产值的划分也是按“工厂法”计算的，即一个工业企业在正常情况下生产的主要产品的性质属于轻工业，则该企业的全部总产值作为轻工业总产值；一个工业企业生产的主要产品的性质属于重工业，则该企业的全部总产值作为重工业总产值。

说明：工业总产值计算新规定与原规定的区别（要点） 自1992年起，国务院决定以国内生产总值作为衡量国民经济发展的总量指标，以工业增加值作为衡量工业经济的总量指标，淡化工业总产值指标的作用。但工业增加值指标的计算仍然要以工业总产值为基础。为使工业总产值的计算口径与工业中间投入的计算相配套，减少计算难度，保证工业增加值计算的准确性，在第三次全国工业普查方案中，针对工业总产值计算原规定的缺陷，对其作了下列四个方面的修订：

1. 凡用自备原材料生产的产品，不论其加工的繁简程度如何，一律按全价，即工业总产值包括自备原材料的价值。

2．凡承接来料加工生产的产品，加工企业一律按财务上结算的加工费计算工业总产值，即不包括定货者来料的价值。

3．自制半成品、在制品期末期初差额价值，原则上应计入工业总产值，不再按生产周期是六个月以上还是六个月以下来区分是否计入工业总产值。

4．现价工业总产值一律采用不含销项税额的价格计算。

工业总产值计算新规定与原规定的区别主要包括以下两点：

1．计算口径不同（1）全价与加工费的计算原则不同：新规定凡用自备原材料生产的产品，不论其加工的繁简程度如何，一律按加工费计算工业总产值。原规定则根据加工的繁简程度，有一些特殊规定，即对某些来料加工，允许按全价计算工业总产值，对某些自备原材料生产的产品，只允许按加工费计算总产值。

（2）自制半成品、在制品期末、期初差额价值计算规定不同：新规定要求原则上将自制半成品在制品期末期初差额价值计入工业总产值，并明确，如果会计的产品成本核算计算了这部分价值，工业总产值中也相应包括，否则可不包括；原规定，凡生产周期在六个月以上的产品，在计算工业总产值时应包括这部分差额价值，否则，可不包括这部分价值。

2．计算价格不同

按新规定计算的工业总产值按不含销项税额的价格计算；原规定则按含销项税额的价格计算。按1990年不变价格计算的工业总产值则不涉及计算价格扣除销项税的问题。

有关工业总产值计算的新规定详见《第三次全国工业普查实施方案》。

工业销售产值　是以货币表现的工业企业在一定时期内销售的本企业生产的工业产品产量。它包括已销售的成品、半成品的价值，对外提供的工业性作业价值和对本单位基本建设部门、生活福利部门提供的产品和工业性作业及自制设备的价值。已销售的成品、半成品，不论是本期生产的，还是上期生产的，只要是本期销售出去的均包括在内。对外提供的工业性作业是指企业按合同对外提供的工业性劳务。企业为本单位的基本建设部门、生活福利部门等提供的产品和工业性作业及自制设备也应视同销售，作为销售统计。

工业增加值　是指工业企业在一定时期内以货币表现的工业生产活动的最终成果。

工业企业主要财务指标

1．固定资产原价（原值）：指企业在建造、购置、安装、改建、扩建、技术改造某项固定资产时所支出的全部货币总额。一般包括买价、包装费、运杂费和安装费等。

2．固定资产净值：指固定资产原价减去历年所提折旧额的净额。

3．流动资产平均余额：流动资产是指可以在一年或者超过一年的一个营业周期内变现或者耗用的资产，包括现金及各种存款、短期投资、存货等；流动资产平均余额指全部流动资产报告期平均余额。计算公式为：

流动资产月平均余额＝月初、月末流动资产余额之和/2

流动资产季平均余额＝季内各月流动资产平均余额之和/3

流动资产年平均余额＝1至12月各月流动资产平均余额之和/12

4．提取的盈余公积：反映工业企业按规定从利润中提取的盈余公积，可用于弥补亏损或转增资本。

工业企业主要经济效益指标

1．全员劳动生产率指根据产品的价值量指标的平均每一职工在单位时间内的产品生产量。目前我国的全员劳动生产率是用工业总产值或工业增加值除以同一时期全部职工的平均人数来计算的。其公式为：

$$\text{全员劳动生产率（元/人）}=\frac{\text{工业总产值}}{\text{全部职工平均人数}}\text{或}=\frac{\text{工业增加值}}{\text{全部职工平均人数}}$$

2．工业产品销售率指报告期工业销售产值与同期全部工业总产值之比，反映工业产品生产已实现销售的程度。计算公式为：

$$\text{工业产品销售率（\%）}=\frac{\text{报告期现价工业销售产值}}{\text{报告期现价工业总产值}}\times 100\%$$

3．工业资产利税率指报告期已实现的利税总额与同期的资产（流动资产和固定资产净值）之比，反映企业资金运用的经济效益。计算公式为：

$$\text{工业资产利税率（\%）}=\frac{\text{报告期止累计实现利税总额}}{\text{报告期平均流动资产}+\text{固定资产净值平均余额}}\times\frac{12}{\text{累计月数}}\times 100\%$$

4．工业增加值率指报告期工业增加值与同期工业总产值之比，反映降低中间消耗的经济效益。计算公式为：

$$\text{工业增加值率（\%）}=\frac{\text{报告期工业增加值}}{\text{报告期现价工业总产值（原规定）}}\times 100\%$$

5．工业成本费用利润率指报告期实现利润总额与成本费用之比，反映降低成本的经济效益。公式为：

$$\text{工业成本费用利润率（\%）}=\frac{\text{报告期实现利润总额}}{\text{报告期成本费用总额}}\times 100\%$$

成本费用是产品销售成本、产品销售费用、管理费用、财务费用之和

6．流动资产周转率指一定时期内流动资产完成的周转次数，反映流动资产的周转速度。计算公式为：

$$\text{流动资产周转次数（次）}=\frac{\text{报告期止累计产品销售收入}}{\text{报告期平均流动资产}}\times\frac{12}{\text{累计月数}}$$

7．资产负债率又称债务比率。该比率反映在企业资产总额中有多少资产是通过借债而得的。是反映企业长期偿债能力的指标之一，也可以用于衡量企业利用债权人提供资金进行经营活动的能力以及企业在清算时保护债权人利益的程度。计算公式为：

资产负债率（%）= 负债总额/资产总额 × 100%

8．总资产贡献率是反映全部资产的获利能力，是企业管理水平和经营业绩的集中体现。计算公式为：

$$\text{总资产贡献率（\%）}=\frac{\text{利税总额}+\text{利息支出}}{\text{平均资产总额}}\times\frac{12}{\text{累计月数}}\times 100\%$$

平均资产总额为资产总计期初、期末之和的算术平均值。即

（期初资产总计 + 期末资产总计）/2

9．资本保值增值率反映企业资产的变动状况，是企业发展能力的集中体现。计算公式为

$$\text{资产保值增值率（\%）}=\frac{\text{期末所有者权益}}{\text{期初所有者权益}}\times 100\%$$

十一、能源消费

NENGYUANXIAOFEI

注：此部分2004年数据为年快报数。

11－1 全部国有及年产品销售收入500万元以上非国有

（2004年）

行业大类名称（GB/T4754－2002标准）	煤 炭（吨）	汽 油（吨）	煤 油（吨）	柴 油（吨）	燃料油（吨）
总　　计	**10 932 751**	**15 583**	**459**	**52 459**	**35 757**
煤炭开采和洗选业	4 931	157		1 233	
有色金属矿采选业	1 277	187		1 185	
非金属矿采选业	177 166	395		6 648	
农副食品加工业	13 566	300		515	118
食品制造业	15 284	425		1 986	
饮料制造业	7 762	489	1	252	
烟草制品业	26 276	205	1	265	
纺织业	11 564	116	5	86	
纺织服装、鞋、帽制造业	2 034	76		309	
皮革、毛皮、羽毛（绒）及其制品业					
木材加工及木、竹、藤、棕、草制品业	5 026	138	2	50	
家具制造业		64		33	
造纸及纸制品业	22 159	506		77	
印刷业和记录媒介的复制	75	417	33	173	
文教体育用品制造业		3			
石油加工、炼焦及核燃料加工业	46 226	65	10	38	
化学原料及化学制品制造业	884 556	1 215	6	5 373	1 749
医药制造业	36 570	439	2	540	404
化学纤维制造业	48 296	40			
橡胶制品业	7 348	100			
塑料制品业	9 055	359		678	
非金属矿物制品业	1 097 752	924	4	3 542	27 246
黑色金属冶炼及压延加工业	4 343 865	3 494	63	16 439	36
有色金属冶炼及压延加工业	118 176	684	3	5 743	6 012
金属制品业	6 497	329	66	363	
通用设备制造业	16 456	656	60	252	178
专用设备制造业	16 977	630	51	398	
交通运输设备制造业	2 887	701	142	2 320	
电气机械及器材制造业	9 844	441	8	497	12
通信设备、计算机及其他电子设备制造业	107	63		3	
仪器仪表及文化、办公用机械制造业	2 210	191	2	39	2
工艺品及其他制造业					
电力、热力的生产和供应业	3 101 559	1 219		2 997	
燃气生产和供应业	897 250	263		223	
水的生产和供应业		292		202	

独立核算工业企业主要能源消费量

工　业 取水总量 （立方米）				重复用水量 （立方米）
	1．地下水及地表水 （立方米）	2．自来水 （立方米）	3．其他水 （立方米）	
394 745 392	**367 694 196**	**25 918 040**	**1 133 156**	**737 084 964**
48 5621	356 815	128 806		
494 166	493 420	746		271 832
8 959 025	8 955 952	3 073		12 842 981
810 031	375 644	434 387		38 000
1 624 712	888 663	736 049		69 434
972 509	491 691	480 818		140 340
2 497 940	623 084	1 874 856		94 765
1 532 843	476 448	1 056 395		40 865
260 653		260 653		
20 872		20 872		
161 756	12 100	149 656		
8 930		8 930		
1 552 060	1 465 997	48 103	37 960	832 176
277 218	2 516	274 702		90 961
5 710		5 710		
244 316	239 185	5 131		20 200
27 367 350	22 510 906	4 532 822	323 622	75 851 105
2 320 322	733 612	1 586 707	3	1 975 286
622 775		622 775		379 200
544 067	449 338	94 729		272 232
215 172	45 882	167 865	1 425	213 075
4 296 458	2 827 646	1 468 812		54 631 129
40 862 248	40 151 362	709 895	991	580 114 469
6 391 864	4 779 173	901 019	711 672	2 626 900
350 539	57 372	293 162	5	13 581
2 873 056	2 105 955	730 686	36 415	715 669
2 158 869	1 442 639	716 230		2 596 058
1 053 947	351 253	702 694		1 814 071
852 066	273 282	578 778	6	1 377 475
166 439	32 942	133 497		
1 395 449	1 061 962	319 435	14 052	63 160
6 575		6 575		
890 019	192 640	690 374	7 005	
2 442 637	2 351 573	91 064		
280 027 178	273 945 144	6 082 034		

主要统计指标解释

能源生产总量　指一定时期内全国（地区）一次能源生产量的总和。一次能源生产量包括原煤、原油、天然气、水电及其他动力能发电量（如风能、地热能等），不包括生物质能、太阳能等的利用和由一次能源加工转换而成的二次能源产量。能源生产总量是观察全国（地区）能源生产水平、规模、构成和发展速度的总量指标。

能源消费总量　指一定时期内全国（地区）用于生产和生活的各种能源消费量的总和。能源消费总量包括原煤和原油及其制品、天然气、电力的消费量，不包括生物质能和太阳能等的利用。能源消费总量分为三部分，即终端能源消费量、能源加工转换损失量和能源损失量。他是观察能源消费水平、构成和增长速度的总量指标。

1. 终端能源消费量　指一定时期内全国（地区）物质生产部门、非物质生产部门和生活消费的各种能源数量，不包括用于加工转换的中间能源消费量、加工转换损失量和能源损失量。

2. 能源加工转换损失量　指一定时期内全国（地区）投入加工转换的各种能源数量之和与产出各种能源产品及其他石油制品和其它焦化产品之和的差额。他是观察能源在加工转换过程中损失量变化的指标。

3. 能源损失量　指一定时期内能源在生产、输送、储存过程中发生的经营管理损失和由于客观原因造成的各种损失量，不包括各种气体能源放空、放散量。

能源节约量　指一定时期内节约和少用的能源数量。它是评价和考核节约能源工作好坏的重要指标。包括由于提高管理水平和技术水平，使单位产品能耗降低而节约能源数量，以及由于调整产业结构、产品结构等使产值能耗降低而少用的能源数量。

原材料、能源消费量　指在报告期内实际使用的原材料、能源的数量，包括企业主营活动和附营活动实际使用的数量。消费的核算原则为："谁消费谁统计"，即按使用权来统计，核算方法为当进入第一道生产工序，改变原来的形态或性能、或已实际投入使用，即作消费统计。

原材料、能源库存量　指在报告期期初、期末实际结存的原材料、能源数量。库存的核算原则为"谁支配，谁统计"，即按所有权来统计。核算方法是指企业有权支配动用的某一时点实际结存的原材料、能源的数量。

十二、交通和邮电

JIAOTONGHEYOUDIAN

12－1 全市主要年份客运量

单位：万人次

年　份	全　市	铁　路	公　路	水　路	民　航
1978	641	512	92	30	7
1979	743	558	142	34	9
1980	821	595	181	35	10
1981	912	612	237	52	11
1982	969	641	268	48	12
1983	1 047	670	321	45	11
1984	1 458	670	738	34	16
1985	2 010	659	1 289	43	19
1986	1 900	642	1 182	49	27
1987	2 077	668	1 323	56	30
1988	2 151	645	1 403	76	27
1989	2 084	593	1 407	59	25
1990	1 872	436	1 347	58	31
1991	1 840	425	1 330	37	48
1992	2 045	477	1 447	50	71
1993	1 943	541	1 264	45	93
1994	2 408	568	1 669	53	118
1995	2 920	520	2 210	21	169
1996	3 173	455	2 499	17	202
1997	3 354	482	2 636	14	222
1998	6 073	511	5 299	16	247
1999	5 604	736	4 464	18	386
2000	6 276	768	5 211	14	283
2001	6 437	764	5 329	16	328
2002	6 602	738	5 480	15	369
2003	5 125	656	4 081	12	376
2004	5 316	754	4 083	15	464

12－2　全市主要年份货运量

单位：万吨

年　份	全　市	铁　路	公　路	水　路	民　航
1978	1 179.13	628	527	24	0.13
1979	1 381.18	587	771	23	0.18
1980	1 401.17	670	714	17	0.17
1981	1 312.18	640	659	13	0.18
1982	992.21	578	402	12	0.21
1983	1 146.22	673	460	13	0.22
1984	1 820.27	796	1 007	17	0.27
1985	2 329.34	568	1 743	18	0.34
1986	1 775.39	579	1 179	17	0.39
1987	2 661.44	734	1 906	21	0.44
1988	3 003.42	847	2 132	24	0.42
1989	8 329.37	921	7 386	22	0.37
1990	11 626.4	1 014	10 585	27	0.40
1991	9 378.57	1 026	8 337	15	0.57
1992	11 795.94	1 058	10 717	20	0.94
1993	9 094.41	1 065	8 007	21	1.44
1994	10 023.74	1 131	8 879	12	1.74
1995	11 441.11	1 217	10 215	7	2.11
1996	14 797.78	1 249	13 539	7	2.78
1997	14 897.88	1 265	13 624	5	3.88
1998	18 047.78	1 399	16 637	7	4.78
1999	12 041.88	1 474	10 555	7	5.88
2000	12 654.94	1 563	11 086	0	5.94
2001	12 083.78	1 692	10 385	0	6.78
2002	11 108.25	1 912	9 188	0	8.25
2003	12 334.00	2 076	10 252	0	6.00
2004	11 646.46	2 105	9 534	0	7.46

12－3　全市客货运输总量

项　　目	2003年	2004年	2004年比2003年±%
一、全市客运量合计（万人次）	5 125	5 316	3.73
#铁路	656	754	14.94
#民航	376	464	23.40
#公路	4 081	4 083	0.05
1. 交通部门	887	1 086	22.44
2. 非交通部门	3 194	2 997	－6.17
#个体	1 105	1 062	－3.89
#水运	12	15	25.00
二、全市旅客周转量合计（万人公里）	942 875	1 093 441	15.97
#铁路	156 660	138 679	－11.48
#民航	396 346	523 505	32.08
#公路	389 735	431 129	10.62
1. 交通部门	143 471	132 694	－7.51
2. 非交通部门	246 264	298 435	21.18
#个体	35 532	42 732	20.26
#水运	134	128	－4.48
三、全市货运量合计（万吨）	12 334	11 646.46	－5.57
#铁路	2 076	2 105	1.40
#民航	6	7.46	24.33
#公路	10 252	9 534	－7.00
1. 交通部门	69	57	－17.39
2. 非交通部门	10 183	9 477	－6.93
#个体	5 300	4 760	－10.19
四、全市货运周转量合计（万吨公里）	1 540 530	1 508 988	－2.05
#铁路	1 056 292	1 077 186	1.98
#民航	9 132	11 839	29.64
#公路	475 106	419 963	－11.61
1. 交通部门	15 072	16 878	11.98
2. 非交通部门	460 034	403 085	－12.38
#个体	251 013	183 695	－26.82

12－4　市交通局直属国有公路运输企业主要指标

指　　标	单　位	2001年	2002年	2003年	2004年
一、载货汽车					
汽车完好率	%	83.6	89.9	92.4	92.0
平均日行程	公里	77.0	201.0	201.0	219.0
每百吨公里耗汽油量	升	7.0	6.5	6.4	6.5
每百吨公里耗柴油量	升	6.6	3.8	3.8	3.8
二、载客汽车					
汽车完好率	%	90.5	92.0	91.5	90.1
平均日行程	公里	84.0	278.0	241.0	260.0
每百吨公里耗汽油量	升	10.8	8.5	8.5	8.5
每百吨公里耗柴油量	升	8.8	7.0	8.0	7.1

12－5 昆明市机动车拥有量

（2004 年） 单位：辆

指标名称	总　计	营运	非营运	特种	总计中：其中：进口	其中：个人	其中：新注册	报　废
合　　计	**586 872**	**75 005**	**511 867**	**155**	**6 080**	**485 197**	**75 572**	**2 025**
一、汽车	308 381	73 730	234 651	155	6 021	213 019	48 165	1 776
1．载客汽车	231 586	13 434	218 152	52	5 792	161 700	40 396	1 085
其中：大型	5 542	3 697	1 845		92	118	384	91
中型	4 028	1 498	2 530	6	142	764	546	134
小型	160 866	7 686	153 180	38	5 505	112 614	35 817	732
微型	61 150	553	60 597	8	53	48 204	3 649	128
其中：轿车	131 617	7 354	124 263	3	2 906	99 799	29 666	578
2．载货汽车	58 798	57 603	1 195	2	129	34 867	6 869	683
其中：重型	13 934	13 870	64	1	48	6 253	964	119
中型	9 620	9 481	139	1	7	6 902	1 848	57
轻型	21 350	20 373	977		71	13 939	3 981	136
微型	13 894	13 879	15		3	7 773	76	371
其中：普通载货	24 931	24 432	499		56	13 975	2 246	402
3．其他汽车	17 997	2 693	15 304	101	100	16 452	900	8
二、电车								
1．无轨								
2．有轨								
三、摩托车	251 210	878	250 332		59	245 398	27 179	242
1．普通	231 435	867	230 568		59	225 683	25 870	239
2．轻便	19 775	11	19 764			19 715	1 309	3
四、农用运输车								
1．三轮								
2．四轮								
五、拖拉机	26 721		26 721			26 721		
1．大型	6 701		6 701			6 701		
2．小型	20 020		20 020			20 020		
六、挂车	504	397	107			54	228	4
七、其他类型车	56		56			5		3

注：1．本表根据市公安局车管所提供资料整理。

2．年末机动车辆驾驶员 809 015 人，其中：汽车驾驶员 696 530 人。

12－6 邮政、电信主要指标

指　标	单　位	2003年	2004	为上年（%）
邮电局（所）数	处	384	354	92.19
邮路单程总长度	公里	91 665	91 699	100.04
农村单程投递线路	公里	13 482	12 536	92.98
长途电话电路总数	路	687 000	268 000	39.01
电话机总数	部	1 504 800	1 599 700	106.31
#市话	部	1 504 800	1 599 700	106.31
机要件邮件	万件	17.71	19.31	109.03
其中：计费	万件	17.55	19.31	110.03
包件	万件	93.29	74.08	79.41
其中：计费	万件	93.09	74.08	79.58
出口汇票	万张	191.98	152.89	79.64
其中：计费	万张	191.94	152.89	79.66
订销报刊累计量	万份	9 987.99	9 592.26	96.04
订销杂志累计量	万份	1 193.1	1 150.01	96.39
特快专递	万件	103.02	124.04	120.40
年末移动电话户数	户	2 391 700	2 801 248	117.12
电报	万份	1.88	0.82	43.62
其中：计费	万份	1.88	0.82	43.62
长话次数	万次	20 808	21 800	104.77

注：移动电话户数包括中国联通 890 000 户。

主要统计指标解释

铁路营业里程 指办理客货运输业务的铁路正线总长度。凡是全线或部分建成双线及以上的线路，以第一线的实际长度计算；复线、站线、段管线、岔线和特别用途线及不计算运费的联络线都不计算营业里程。铁路营业里程是反映铁路运输业基础设施发展水平的重要指标，也是计算客货周转量、运输密度和机车车辆运用效率等指标的基础资料。

公路里程 也称“公路通车里程”，是反映公路建设发展规模的重要指标，也是计算运输网密度等指标的基础资料；是指实际达到交通部制定的公路工程技术标准规定的等级的公路长度。它包括大中城市的郊区公路以及通过小城镇街道的公路里程，也包括桥梁、渡口的长度，但不包括城市的街道以及厂矿、林区和农业生产用道的里程。两条或多条公路共同经由同一路段，只计算一次，不得重复计算里程长度。

货（客）运量 指在一定时期内，各种运输工具实际运送的货物（旅客）数量。是反映运输业为国民经济和人民生活服务的数量指标，也是制定和检查运输生产计划，研究运输发展规模和速度的重要指标。货运按吨计算，客运按人计算。货物不论运输距离长短，货物类别，均按实际重量统计；旅客不论行程远近或票价多少，均按一人一次作为客运量统计。半价票、小孩票也按一人统计。

货物（旅客）周转量 指在一定时期内，由各种运输工具运送的货物（旅客）数量与其相应运输距离的乘积之总和，是反映运输业生产总成果的重要指标，也是编制和检查运输生产计划，计算运输效率、劳动生产率以及核算运输单位成本的主要基础资料。通常以吨公里和人公里为计算单位。计算货物周转量通常按发出站与到达站之间的最短距离，也就是计费距离计算。

邮电局所 指一切由邮电部门自办和委托其它单位或个人代办的，直接对外办理邮电业务的机构。包括邮电局、邮局、机要通信局、电报局、长途电话局、长途电信局、市内电话局、电信局及其分支局所等。

邮路 指不同地域之间，邮件、报刊运输和投递所经由的路线。邮路的通达范围、方式和构成，是反映邮政通信水平的主要标志。按照在邮政通信网中所起的作用，邮路分为：（1）干线邮路（或称一级邮路）。包括国际邮路和国内省会间邮路。（2）二级邮路。包括省内县市以上邮路和省际（除省会间外）县市以上邮路。（3）市区邮路。包括市区及城关区支局（所）以上邮路，局所到车站、码头、机场、报刊杂志社的邮路以及专设的信箱、信筒开取邮路。（4）农村邮路。包括县内及县际支局邮路以及专设投递线路。

主要统计指标解释

十三、建筑业

JIANZHUYE

13－1　全市建筑业生产完成情况

（2004年）

指　标	计量单位	合计	国有	集体	其他
施工企业个数	个	733	89	120	524
总产值	万元	2 651 715	1 521 902	307 522	822 291
竣工产值	万元	1 824 872	903 992	258 968	661 912
房屋建筑施工面积	平方米	20 153 680	9 980 236	3 524 552	6 648 892
房屋建筑竣工面积	平方米	10 151 014	4 163 465	2 186 219	3 801 330
年末自有固定资产原值	万元	933 772	472 791	117 705	343 276
年末自有固定资产净值	万元	676 653	341 487	93 399	241 767
利润总额	万元	40 779	8 952	5 987	25 840
应交税金	万元	82 225	48 320	8 318	25 587
全部职工平均人数	人	240 184	114 170	41 083	84 931
工资总额	万元	229 806	124 384	27 356	78 066
增加值	万元	461 247	252 766	49 929	158 552
本年提取的固定资产折旧	万元	52 126	27 710	4 912	19 504
总产值全员劳动生产率	元/人	110 403.5	133 301.4	74 853.8	96 818.7
竣工面积全员劳动生产率	m^2/人	42.3	36.5	53.2	45
房屋竣工率	%	68.8	59.4	84.2	80.5
资金利润率	%	1.4	0.6	2.7	7.7
产值利润率	%	1.5	0.1	1.9	3.1

13－2 建筑施工企业个数和平均人数及施工产值

（2004年）

年　　份	总　　计	国有经济	集体经济	其他经济
施工企业个数（个）				
1991	90	45	45	
1992	96	45	51	
1993	170	63	107	
1994	181	61	120	
1995	150	51	99	
1996	254	54	195	5
1997	397	67	296	34
1998	388	68	275	45
1999	477	99	283	95
2000	489	90	257	142
2001	514	84	222	208
2002	455	66	158	231
2003	465	65	124	276
2004	733	89	120	524
平均人数（人）				
1991	127 800	114 700	13 100	
1992	243 100	122 600	120 500	
1993	153 916	126 501	27 415	
1994	151 692	119 447	32 245	
1995	149 974	116 791	33 183	
1996	192 157	114 820	72 507	4 830
1997	223 282	111 543	98 155	13 584
1998	235 164	123 991	84 493	26 680
1999	271 156	132 790	94 791	43 575
2000	244 497	116 111	80 435	47 951
2001	254 919	110 227	76 768	67 924
2002	235 553	95 258	66 513	73 782
2003	292 859	131 027	52 822	109 010
2004	240 184	114 170	41 083	84 931
建筑业总产值（万元）				
1991	191 846	173 793	18 053	
1992	256 427	225 755	30 672	
1993	440 651	367 940	72 711	
1994	611 703	502 497	109 206	
1995	676 470	563 473	112 997	
1996	962 300	676 166	278 833	7 801
1997	1 184 765	792 648	351 993	40 124
1998	1 351 242	830 942	374 028	146 272
1999	1 826 106	1 068 424	504 051	253 631
2000	1 852 377	1 028 066	504 161	320 150
2001	1 917 808	1 013 703	421 465	452 640
2002	1 993 642	959 679	385 784	648 179
2003	2 334 370	1 127 688	322 777	883 905
2004	2 651 715	1 521 902	307 522	822 291

主要统计指标解释

建筑施工企业 是指从事：1. 各种房屋、建筑物和构筑物的建造；2. 各种线路、管道和机械设备的安装；3. 原有房屋、建筑物的修理；4. 部分非标准设备的制造；5. 原有房屋、建筑和构筑物的装饰装修等。建筑施工企业同时还应具备下述条件：①依法成立、有自己的名称、组织机构和场所，能够独立承担民事责任；②独立拥有和使用（或授权使用）资产，承担负债，有权与其他单位签订合同；③会计上独立核算，能够编制资产负债表；④具有新的建筑业资质等级的总承包、专业承包、劳务分包的建筑业企业（包括各地区建设行政主管部门按照新的建筑业资质管理规定自行批准的资质企业）。

建筑业总产值 （自行完成施工产值）指建筑施工企业在一定时期内所完成的以货币表现的生产总量。是反映全部生产规模、水平和成果的综合指标。

利润总额 指建筑施工企业在一定时期内实现的利润。

建筑业增加值 指建筑企业在报告期内以货币表现的建筑生产经营活动的最终成果。

产值利润率 是指报告期内企业实现的利润总额占同期建筑业总产值的百分比。

资金利润率 是以报告期内固定资产净值和流动资产之和除以利润总额而求得的比率。

十四、国内贸易

GUONEIMAOYI

注：此部分 2004 年数据为年快报数。

14－1　主要年份社会消费品零售总额

单位：万元

年　份	全市总计	城　市	农　村
1978	71 986	52 899	19 087
1979	84 068	62 933	21 135
1980	99 672	76 970	22 702
1981	110 268	84 449	25 819
1982	124 119	94 653	29 466
1983	145 932	110 890	35 042
1984	171 970	133 096	38 874
1985	217 923	170 927	46 996
1986	240 317	185 374	54 943
1987	271 187	209 527	61 660
1988	370 065	287 853	82 212
1989	400 546	315 359	85 187
1990	422 370	331 990	90 380
1991	486 605	383 039	103 566
1992	640 970	516 764	124 206
1993	899 141	715 138	184 003
1994	1 090 370	924 908	165 462
1995	1 262 560	1 054 386	208 174
1996	1 404 006	1 166 152	237 854
1997	1 696 451	1 344 511	351 940
1998	1 918 559	1 544 734	373 825
1999	2 174 606	1 871 049	303 557
2000	2 395 307	2 082 940	312 367
2001	2 652 760	2 317 259	335 501
2002	2 929 955	2 570 436	359 519
2003	3 284 109	2 883 317	400 792
2004	3 704 629	3 259 611	445 018

14－2　主要年份社会消费品零售总额按经济类型分

单位：万元

年　份	全市总计	国有经济	集体经济	个私经济	其它经济
1978	71 986	53 246	17 621	3	1 116
1979	84 068	62 699	19 967	18	1 384
1980	99 672	69 333	27 306	194	2 839
1981	110 268	72 326	33 223	451	4 268
1982	124 119	92 421	25 975	1147	4 576
1983	145 932	89 871	44 750	5945	5 366
1984	171 970	98 059	53 044	15135	5 732
1985	217 923	107 214	77 651	23716	9 342
1986	240 317	113 548	84 607	26376	15 786
1987	271 187	128 385	96 677	25144	20 981
1988	370 065	181 805	128 424	32 352	27 484
1989	400 546	190 202	131 400	45 833	33 111
1990	422 370	215 286	121 722	46 387	38 975
1991	486 605	260 321	124 388	53 827	48 069
1992	640 970	357 654	153 064	72 020	58 232
1993	899 141	407 167	206 275	118 100	167 599
1994	1 090 370	494 950	246 617	119 169	229 634
1995	1 262 560	488 674	286 908	224 084	262 894
1996	1 404 006	420 209	332 442	317 989	333 366
1997	1 696 451	404 595	445 736	400 928	445 192
1998	1 918 559	419 171	441 900	562 312	495 176
1999	2 174 606	647 513	427 041	794 281	305 771
2000	2 395 307	698 903	433 282	876 755	386 367
2001	2 652 760	692 960	318 128	1 149 832	491 840
2002	2 929 955	484 567	320 307	1 505 911	619 170
2003	3 284 109	453 303	271 651	1 856 525	702 630
2004	3 704 629	298 351	257 368	2 368 452	780 458

注：1999年、2000年、2001年、2002年、2003年、2004年零售额国有经济中含国有控股经济。

14－3　主要年份社会消费品零售总额按行业分

单位：万元

年　份	全市总计	批发零售业	餐饮业	其它行业
1978	71 986	63 986	4 924	1 596
1979	84 068	72 868	5 592	5 608
1980	99 672	81 956	6 316	4 493
1981	110 268	87 726	6 962	6 433
1982	124 119	98 774	7 292	7 994
1983	145 932	117 245	8 041	9 410
1984	171 970	140 120	9 088	8 816
1985	217 923	176 533	11 821	12 335
1986	240 317	190 741	12 841	19 975
1987	271 187	209 201	17 995	25 694
1988	370 065	287 644	20 570	33 047
1989	400 546	301 532	24 022	47 630
1990	422 370	310 641	22 843	56 423
1991	486 605	346 582	24 367	76 818
1992	640 970	463 063	26 263	110 254
1993	899 141	722 584	32 229	80 985
1994	1 090 370	774 921	60 915	191 333
1995	1 262 560	897 994	78 680	228 990
1996	1 404 006	1 039 095	104 985	218 733
1997	1 696 451	1 314 003	109 217	238 206
1998	1 918 559	1 386 020	219 102	281 903
1999	2 174 606	1 494 613	296 519	343 296
2000	2 395 307	1 597 056	381 801	378 745
2001	2 652 760	1 695 760	474 667	435 266
2002	2 929 955	1 882 099	556 188	442 094
2003	3 284 109	2 581 379	634 566	68 164
2004	3 704 629	2 874 738	723 700	106 191

14－4　社会消费品零售总额

（2004 年）

单位：万元

项　目	全　市		市　区	呈贡县	晋宁县	安宁市	富民县	宜良县	石林县	嵩明县	禄劝县	寻甸县
	合计	比上年（%）	合　计									
社会消费品零售总额	**3 704 629**	**12.8**	**3 187 438**	**66 857**	**46 719**	**109 824**	**29 274**	**69 564**	**55 188**	**66 426**	**29 877**	**43 462**
一、按销售单位所在地分												
1．市	3 259 611	13.1	3 182 439			77 172						
2．县	184 583	20.5		17 750	18 531		20 192	40 839	40 628	12 318	20 928	13 397
3．县以下	260 435	5.2	4 999	49 107	28 188	32 652	9 082	28 725	14 560	54 108	8 949	30 065
二、按行业分												
1．批发零售贸易业	2 874 738	11.4	2 459 399	52 244	36 778	87 036	25 783	55 769	40 237	60 510	20 307	36 675
2．餐饮业	723 700	14.0	656 742	6 799	5 797	15 089	1 027	11 548	12 022	4 660	3 290	6 726
3．其他行业	106 191	55.8	71 297	7 814	4 144	7 699	2 464	2 247	2 929	1 256	6 280	61
三、按经济类型分												
1．国有及国有控股	298 351	－34.2	238 577	7 789	5 329	5 549	2 055	5 126	17 652	1 920	8 175	6 179
2．集体及股份合作	257 368	－5.3	223 550	14 151	7 309	2 595	770	1 682	1 897	1 751	1 442	2 221
3．个体私营经济	2 368 452	27.6	2 048 942	31 413	28 129	72 619	8 314	38 834	34 676	50 271	20 260	34 994
#个体经济	1 792 667	24.7	1 561 930	18 360	24 629	49 091	3 299	34 123	25 355	28 152	14 070	33 658
4．其他经济	780 458	11.1	676 369	13 504	5 952	29 061	18 135	23 922	963	12 484		68

14－5　农业生产资料购、销、存总额和主要商品购、销、存数量

（2004 年）

项　目	单位	商品总购进		商品总销售		期末库存
		合　计	从生产者购进	合　计	售给生产经营用	
农业生产资料总额	**万元**	**215 978**	**152 899**	**220 388**	**121 539**	**25 093**
化学肥料	吨	1 568 264	1 122 047	1 547 217	860 079	163 440
其中：尿素	吨	570 427	440 951	628 019	236 429	46 798
化学农药	吨	10 765	3 980	10 766	5 645	2 907
农用塑料薄膜	吨	3 020	2 285	3 803	3 605	308
农用动力机械	台	1 358	612	1 405	1 173	267

14－6 限额以上批发零售贸易企业商品销售、库存数量

（2004 年）

项　　目	单位	销售合计	批　　发	零　　售	年末库存
粮食	吨	309 926	258 721	51 205	30 171
食用植物油	吨	71 421	64 734	6 687	3 267
食糖	吨	465 551	465 071	480	38 900
卷烟	万支	12 558 121	12 536 215	21 906	119 877
酒	吨	18 657	12 985	5 672	874
其中：白酒	吨	1 369	624	745	79
啤酒	吨	9 225	7 788	1 437	429
棉花	吨	1 517	1 509	8	347
布	百米	6 280	5 356	924	3 841
各种服装	百件	60 859	3 065	57 794	10 871
其中：童装	百件	4 641	353	4 288	2 504
鞋	百双	17 689	579	17 110	3 512
照相机	台	35 378	1 534	33 844	3 640
其中：数码照相机	台	16 217	1 528	14 689	1 705
彩色电视机	台	392 023	276 362	115 661	18 752
组合音响	台	15 645	49	15 596	1 455
摄像机	台	13 303	130	13 173	2 175
影碟机	台	79 041	1 142	77 899	7 182
家用电冰箱	台	182 805	123 183	59 622	7 754
家用洗衣机	台	230 290	159 087	71 203	9 795
房间空调器	台	34 113	28 866	5 247	783

续 14－6

项　　目	单位	销售合计	批　　发	零　　售	年末库存
微波炉	台	75 140	21 001	54 139	7 368
微型计算机	台	70 367	24 723	45 644	3 194
普通电话机	台	18 770	141	18 629	2 260
移动电话机	台	568 545	279 856	288 689	42 169
化学肥料	吨	1 247 089	1 247 089		168 846
化学农药	吨	10 197	10 197		2 834
农用薄膜	吨	2 207	2 207		238
煤炭	吨	2 454 389	2 454 389		153 319
汽油	吨	509 794	281 806	227 988	2 402
煤油	吨	219 979	219 478	501	5 613
柴油	吨	855 559	552 085	303 474	2 780
钢材	吨	906 280	90 6280		57 033
铜	吨	13 362	13 362		
铝	吨	55 127	55 127		
水泥	吨	146 331	146 331		9 700
汽车	辆	39 890	8 675	31 215	2 760
其中：轿车	辆	25 634	4 409	21 225	2 360
摩托车	辆	2 569	1 725	844	489
拖拉机	台	748	748		15

主要统计指标解释

社会消费品零售额　指各种经济类型的批发零售贸易业、餐饮业、制造业和其他行业对城乡居民和社会集团的消费品零售额。这个指标反映通过各种商品流通渠道向居民和社会集团供应的生活消费品来满足他们的生活需要，是研究人民生活、社会消费品购买力、货币流通等问题的重要指标。社会消费品零售额包括：(1) 售给城乡居民作为生活用的商品和修建房屋用的建筑材料；(2) 售给机关、团体、学校、部队、企业、事业单位的职工食堂和旅店（招待所）附设专门供本店旅客食用，不对外营业的食堂的各种食品、燃料；企业、单位和国营农场直接售给本单位职工和职工食堂的自己生产的产品；(3) 售给部队干部、战士生活用的粮食、副食品、衣着品、日用品、燃料；(4) 售给来华的外国人、华侨、港澳台同胞的消费品；(5) 居民自费购买的中、西药品、中药材及医疗用品；(6) 报社、出版社直接售给居民和社会集团的报纸、图书、杂志、集邮公司出售的新、旧纪念邮票、特种邮票、首日封、集邮册、集邮工具等；(7) 旧货寄售商店自购、自销部分的商品；(8) 煤气公司、液化石油气站售给居民和社会集团的煤气灶具和罐装液化石油气；(9) 农民售给非农业居民和社会集团的商品。不包括售给国民经济各部门企业、事业单位（包括国有经济的农场）生产经营用的各种原材料、燃料、设备、工具等和售给批发零售贸易业、餐饮业作为转卖用的商品、旧货寄售商店受托寄售卖出的商品、服务业的营业收入、邮局出售邮票的收入、自来水、电力、煤气生产（供应）单位的产品供应收入，也不包括农民之间的商品销售。

主要统计指标解释

十五、对外经济贸易、旅游

DUIWAIJINGJIMAOYI、LUYOU

15－1　主要年份海关进出口贸易总额

单位：万美元

年　份	海关进出口贸易总额	出　口	市属外经贸企业进出口总额	出　口
1993	67 548	43 653	3 718	1 923
1994	129 676	80 411	4 343	2 944
1995	174 372	105 267	19 072	7 689
1996	139 791	75 497	25 180	8 746
1997	122 115	81 106	27 227	9 949
1998	116 410	74 055	18 891	9 419
1999	108 930	61 843	18 826	9 462
2000	115 068	71 298	22 057	15 275
2001	134 097	78 033	27 288	18 673
2002	148 117	89 500	31 630	21 625
2003	177 927	100 633	36 724	24 397
2004	260 972	138 397	60 644	46 405

15－2　市属外商直接投资

单位：万美元

年　份	项目个数	合同外资	实际利用外资
1991	16	1 546	
1992	102	12 736	
1993	199	31 903	4 362
1994	117	11 103	6 930
1995	142	26 612	6 051
1996	66	5 898	5 919
1997	60	12 352	3 142
1998	36	22 233	4 430
1999	52	15 396	2 403
2000	35	10 749	1 228
2001	48	11 384	2 592
2002	76	12 830	3 703
2003	58	15 408	5 148
2004	104	17 443	6 228

15－3 旅游业发展情况

年份	国际旅游		国内旅游		旅游业总收入（万元）
	旅游人数（人次）	旅游外汇收入（万美元）	旅游人数（万人次）	旅游收入（万元）	
1990	148 166	1 581	—	—	—
1991	160 165	2 223	—	—	—
1992	231 749	2 943	389	35 028	59 455
1993	271 065	3 314	420	47 027	74 533
1994	378 672	7 409	520	101 966	163 461
1995	397 562	9 253	710	145 125	221 925
1996	450 568	11 751	820	295 796	393 331
1997	510 116	15 666	952	424 674	555 171
1998	384 023	10 059	933	695 754	779 542
1999	549 207	14 550	1 150	1 057 294	1 178 494
2000	520 247	13 707	1 106	904 744	1 018 925
2001	590 827	15 824	1 897	1 280 360	1 412 178
2002	699 683	18 080	1 936	1 263 632	1 414 237
2003	426 667	11 325	1 549	1 090 471	1 184 804
2004	493 251	13 073	1 708	1 266 131	1 375 025

主要统计指标解释

对外贸易 又称对外贸易商品流转，是指外贸部门通过买卖行为，把进出口商品从生产领域向消费领域转移的过程。从出口贸易讲，外贸部门把国内生产的商品转移到国外消费者的手中，一般需要经过出口商品的收购、调拨、加工、储存、成交和实际出口等许多业务环节。从进口贸易进，外贸部门把国外生产的商品转移到国内消费者手中，一般需要经过进口商品的订货、交货、到货和拨交等许多业务环节。

进口 指直接从国外进口的商品和委托外贸部门代理进口的商品，不包括从国内有关单位（包括对外贸易部门和其他单位）购进的进口商品。对外贸易企业只统计自主经营进口的商品，不包括受托代理进口的商品。

出口 指直接向国（境）外出口商品和委托外贸部门代理出口的商品。不包括售给外贸部门出口或加工后出口的商品以及在国内市场以外所销售的商品。对外贸易企业只统计自主经营出口的商品，不包括受托代理出口的商品。

利用外资 指我国各级政府、部门、企业和其他经济组织通过对外借款、吸收外商直接投资以及用其他方式筹措的境外现汇、设备和技术等。

旅游人数 指来我国参观、访问、旅行、探亲、访友、休养、考察、参加会议和从事经济、科技、文化、教育、体育、宗教等活动的外国人、华侨、港澳和台湾同胞的人数。不包括外国在我国的常驻机构，如使领馆、通讯社、企业办事处的工作人员；来我国常住的外国专家、留学生以及在岸逗留不过夜人员。

国际旅游（外汇）收入 指入境旅游的外国人、华侨、港澳台胞在中国大陆旅游过程中发生的一切旅游支出，对国家来说就是国际旅游（外汇）收入。

旅游人天数 指旅游者在旅游目的地停留天数之和，天数按过夜数。一个旅游者过一夜为一人天。其公式为：人天数 = 人数 × 逗留（过夜）天数

十六、开发区建设

KAIFAQUJIANSHE

16－1 开发区建设发展情况一览表（一）

指　　标	单　　位	昆明经济技术开发区		
		2003 年	2004 年	1992 年至 2004 年累计数
规划面积	平方公里			13.5
已开发面积	平方公里	1.39		6.58
由开发区投入基础设施款	万元	15 000	21 505	109 405
批准进区的企业及项目	个	78	88	545
# 外资企业及项目	个	5	7	60
投产企业及项目	个	67	78	510
企业及项目合同总投资	万元	80 531	122 320	920 788
# 外资企业及项目总投资	万美元	1 582	3 906	29 134
合同外资	万美元	499	1 485	15 484
实际利用外资	万美元	557	433	9 755
工业总产值(现价)	万元	335 660	412 240	
销售收入	万元	512 041	701 110	
# 工业企业产品销售收入	万元	361 011	458 164	
# 外资工业企业产品销售收入	万元	76 222	95 938	
实现利润	万元	30 825	59 570	
财政总收入	万元	36 878	54 487	
# 地方财政收入	万元	13 820	16 788	
税收收入	万元	37 109	56 708	
# 涉外税收	万元	4 827	5 958	
出口总额	万美元	2 380	4 820	
进口总额	万美元	3 621	4 944	

注:此表按昆明经济技术开发区统计口径进行统计。

16－2 开发区建设发展情况一览表（二）

指　　标	单　　位	昆明高新技术产业开发区		
		2003年	2004年	1992年至2004年累计数
规划面积	平方公里			9
已开发面积	平方公里	0.05		5.13
有偿出让土地面积	平方公里	0.25		4.68
由开发区投入的基础设施建设款	万元	16 300	6 367	93 210
高新区工商分局注册企业	个			1 581
实际利用外资	万美元	538	1 587	
技工贸总收入	亿元	134	158	
工业增加值	亿元	30.97	41	
实现利润	亿元	7.02	12.9	
上缴税金	亿元	8.27	9.6	
财政总收入	万元	51 765	58 530	
# 地方财政收入	万元	21 292	25 496	
出口创汇	亿美元	1.33	2.3	

注：此表按昆明高新技术产业开发区统计口径进行统计。

16－3　开发区建设发展情况一览表（三）

指　　标	单　　位	昆明滇池国家旅游度假区		
		2003 年	2004 年	1992 年至 2004 年累计数
规划面积	平方公里			18.06
已开发面积	平方公里			9.16
由开发区投入基础设施款	万元	5 709	3 622	45 813
批准进区的企业及项目	个	42	10	218
# 三资企业数	个	1	2	21
项目总投资	万元	110 557	95 063	698 688
# 协议利用外资	万美元	720	13.5	22 167.5
# 实际利用外资	万美元	439	377.6	6 900.6
营业总收入	万元	90 646	110 450.6	
# 旅游、服务业收入	万元	81 545	104 773.4	
财政总收入	万元	30 227	23 960	
# 地方财政收入	万元	28 667	6 941.99	
# 税收收入	万元	3 568	5 784.2	

注:此表按昆明滇池国家旅游度假区统计口径进行统计。

十七、城市建设、环境保护

CHENGSHIJIANSHE、HUANJINGBAOHU

17－1　城市设施水平

指　　标	单位	2001年	2002年	2003年	2004年
人口密度	人/平方公里	534	546	558	561
平均生活用水量	吨/人、日	0.1392	0.18591	0.18409	0.18475
用水普及率	%	100	100	100	99.96
每万人拥有公共交通车辆	标台	18.4	18.4	18.61	16.79
用气普及率	%	100	100	100	98.43
人均拥有道路面积	平方米	6.58	6.64	6.91	6.91
排水管道密度	公里/平方公里	5.86	5.66	4.77	4.64
污水处理率	%	62.31	63.29	65.19	65.19
人均公共绿地面积	平方米	7.67	7.76	7.87	7.87
建城区绿地率	%	29.32	28.56	24.23	23.59
建城区绿化覆盖率	%	30.7	29.88	25.34	24.67
道路照明密度	盏/公里	33.75	34.11	37.51	37.51
垃圾无害化处理率	%	87.72	98.31	97.97	97.85

17－2　城市公共交通

指　标	单位	2001年	2002年	2003年	2004年
年末营运线路网长度	公里	993	900	922	956
年末营运公共汽车	辆	3 097	3 203	3 438	3 566
标准运营车数	标台	2 851	2 973	3 207	3 301
客运总量	万人次	32 284	35 767	38 212	39 725
每万人拥有公共交通车辆	标台	18.4	18.4	20.44	20.82
年末实有出租车数	辆	7 725	7 720	7 739	7 739

17－3 城市供水

指　　标	单位	2001 年	2002 年	2003 年	2004 年
水厂个数	个	12	12	12	12
总生产能力	万吨/日	85.3	85.8	89.3	89.3
自来水管道长度	公里	2 274	2 277	2 277	2 277
供水总量	万吨	26 600	26 622	26 553	26 553
总售水量	万吨	20 417	19 672	20 035	20 035
其中:生产用水	万吨	4 095	4 075	4 039	4 039
生活用水	万吨	18 396	14 718	14 565	14 565
用水人口	万人	198.99	203.5	204.43	204.23
其中:非农业用水人口	万人	154.96	159.77	160.61	168.93
用水普及率	%	100	100	100	99.96

17－4　城市建设及供气

指　　标	单位	2001年	2002年	2003年	2004年
一、市政建设年末实有道路长度	公里	975	986	1 007.66	1 007.66
其中:高级、次高级道路	公里	731	739	755.75	755.6
道路面积	万平方米	1 020.46	1 061.1	1 110.3	1 110.3
其中:高级、次高级道路	万平方米	867.4	901.9	277.57	277.57
人行道面积	万平方米	221.38	224.8	242.9	242.9
年末实有桥梁数	座	217	220	225	225
其中:立交桥	座	22	24	26	26
排水管道长度	公里	868.62	879.04	882.8	882.8
污水量	万吨/日	72.12	71.9	71.9	71.9
其中:生活污水量	万吨/日	52.26	52.04	52	52
防洪堤长度	公里	336.6	336.6	780.3	780.3
路灯盏数	盏	27 502	27 762	37 793	37 793
道路照明密度	盏/公里	28.21	28.16	37.51	37.51
二、城市液化气(系统内)供气总量	吨	95 675	56 814	59 685	60 045
其中:家庭用气	吨	56 627	49 254	50 419	50 239
家庭用气户数	户	223 450	196 000	197 586	199 946
家庭用气人口	万人	57.7	61.49	67.1	67.4
三、人工煤气供气总量	万立方米	15 313	14 047	14 471	15 685
其中:家庭用气	万立方米	10 583	10 510	10 627	12 468
家庭用气户数	户	369 533	390 818	426 411	462 456
家庭用气人口	万人	130.48	130.48	125.48	130.6

17－5　市区园林绿化

指　　标	单位	2001年	2002年	2003年	2004年
一、园林绿化					
园林绿地面积	公顷	5 092	5 177	5 231	5 442
建城区绿化覆盖率	%	30.7	29.88	25.34	24.67
人均公共绿地面积	平方米	7.67	7.76	7.87	7.87
公园个数	个	35	39	39	39
公园面积	公顷	1 479	1 527	1 527	1 527
二、公园、风景点游人量	万人次	1 720	1 101	710	711

注:2001年及以后公园面积含东川区数据。

17-6　城市环境卫生情况

指　　标	单位	2001年	2002年	2003年	2004年
实际清扫面积	万平方米	1 076.96	1 087	1 196	1 200
#机械清扫面积	万平方米	291.75	366	366	366
生活垃圾清运量	万吨	83.3	74	84	84
粪便清运量	万吨	25	24.8	24.7	24.8
公共厕所	座	476	423	349	349
环卫机械数	台	526	531	535	535
民办清洁队伍人数	人	6 509	6 854	7 272	7 272

17－7 环境保护状况

指　　标	单位	2002年	2003年	2004年
年环境保护投资额	**万元**	**167 500**	**219 203**	**234 900**
一、水质状况				
饮用水源水质达标率	%	99.69	96.05	98.25
废水排放总量	万吨	21 015	19 741	25 472
其中:工业废水排放总量	万吨	4 583	5 071	5 332
工业化学需氧量(COD)排放量	吨		3 689	3 348
工业废水排放达标率	%	89.85	92.56	98.24
二、废气排放				
工业二氧化硫排放量	吨	67 176	77 264	75 110
工业烟尘排放量	吨	11 429	9 858	8 969
工业粉尘排放量	吨	10 453	7 944	6 976
三、声环境质量状况城市建城区域环境噪声平均等效声级	分贝	54.2	54.6	53.1
城市交通干道噪声平均等效声级	分贝	70.5	70.5	68.0
四、固体、废物综合利用				
工业固体废物综合利用量	万吨	160	420	382
工业固体废物处置利用率	%	88.5	82.36	90.07

注:2004年数据取自《2004年昆明市环境状况公报》。

主要统计指标解释

自来水生产能力　指年底城建部门管理的自来水厂实际生产能力。

生活用水量　指居民日常生活与公共福利设施的用水量。包括居民、饮食店、旅馆、医院、理发店、浴池、洗衣店、游泳地、商店、学校、机关、部队等单位的用水量。

实有道路长度　指除土路外，路面经过铺装宽度在3.5米以上的道路，包括高级、次高级道路和普通道路。

实有桥梁　指城市范围内，修建在河道上的桥梁和道路与道路立交、道路跨越铁路的立交桥，以及人行天桥。包括永久性桥和半永久性桥，不包括临时性桥、铁路桥、涵洞。

营运线路长度　指设置的固定营运线路的长度，包括效区营运线路长度。不包括临时行驶的线路长度。

公共绿地面积　指供游览休息的各种公园、运动园、植物园、陵园以及花园、游园和供游览休息用的林荫道绿地、广场绿地。不包括一般栽植的行道树及林荫道的面积。

十八、教育、文化、体育、卫生和其他

JIAOYU、WENHUA、TIYU、WEISHENGHEQITA

18－1 主要年份全市医疗卫生机构数、卫生技术人员、医疗床位数

年份	卫生机构数合计(个)	# 医院	卫生技术人员合计(人)	# 医生	卫生机构床位数合计(张)	# 医院
1978	1 253	218	177 54	8 035	14 304	13 151
1980	1 335	229	20 336	8 459	16 697	13 682
1985	1 523	228	25 363	12 528	18 421	15 897
1990	1 622	270	28 820	14 576	24 356	20 917
1991	1 647	269	29 581	14 706	24 951	21 373
1992	1 634	272	29 826	14 836	26 496	22 006
1993	1 621	277	30 492	15 245	25 836	22 035
1994	1 629	289	30 501	15 432	25 687	21 885
1995	1 586	288	30 527	15 094	27 044	22 143
1996	2 474	274	31 115	15 107	24 906	20 646
1997	2 326	277	33 146	16 074	25 906	21 690
1998	2 715	280	32 637	15 705	26 043	22 111
1999	2 922	155	33 186	16 310	26 127	19 558
2000	2 753	157	32 190	15 220	25 027	19 756
2001	2 580	153	31 171	14 428	25 345	19 268
2002	1 427	169	27 173	12 136	24 610	20 793
2003	1 977	174	29 647	13 405	25 704	20 514
2004	2 072	197	31 660	14 324	27 104	21 757

注：2000 年卫生系统统计报表制度变动，口径有所调整。

18－2 卫生机构、床位、人员数

	机构数（个）	卫生技术人员数（人）	# 执业医师	# 执业助理医师	实有床位数（张）
总 计	**2 072**	**316 60**	**12 812**	**1 512**	**27 104**
一、医院	197	21 650	8 048	658	21 757
综合医院	142	16 200	5 983	481	15 957
中医医院	18	2 242	905	56	1 827
中西医结合医院	2	271	86	29	240
民族医院	1	22	8	2	20
专科医院	34	2 915	1 066	90	3 713
二、疗养院	8	329	135	15	1 558
三、社区卫生服务中心	19	319	136	12	370
四、卫生院	137	1 915	592	403	2 377
五、门诊部	65	950	495	56	315
六、急救中心	3	119	53		
七、采供血机构	1	95		20	
八、妇幼保健院（所、站）	19	884	409	45	647
九、专科疾病防治院（所、站）	4	21	15	2	6
十、疾病预防控制中心（防疫站）	18	1 010	542	76	55
十一、卫生监督所	12	84	50	23	
十二、医学科学研究机构	7	350	46	15	
十三、医学在职培训机构	3	16	12		
十四、健康教育所（站、中心）	2	27			
十五、其他卫生机构	5	37	15	10	19
十六、县（区）诊所	1 425	3 343	2 002	153	
十七、县（区）卫生所、医务室	147	511	262	24	

18－3 妇幼卫生健康情况

指　标	单位	全市		市区	
		2003 年	2004 年	2003 年	2004 年
0～3 岁儿童健康管理覆盖率	%	83.47	82.2	93.01	92.25
孕产妇保健覆盖率	%	98.2	98.86	99.85	99.51
产妇住院分娩率	%	80.5	84.31	100	99.51
产妇新法接生率	%	97.11	98.27	99.85	99.51
妇女病筛查数	人	76 252	93 384	2 385	1 982
其中:妇女病查出率	%	18.83	21.67	37.69	41.42
婚前健康检查率	%	77.12	1.74	67.9	4.74
四项节育手术数	人	105 282	100 969	34 918	31 375
其中:节育手术并发症	1/万	7.6	15.96	0.286	6.37

注:四项节育手术数及其并发症均为卫生部门的情况,不包括计生技术服务部门的数据。

18－4 计划生育情况

指　标	单位	全市		市区	
		2003 年	2004 年	2003 年	2004 年
出生人数	人	40 687	41 062	12 588	12 968
一孩数	人	25 927	25 239	9 869	10 095
比重	%	63.72	61.47	78.4	77.85
二孩数	人	14 625	15 691	2 683	2 837
比重	%	35.95	38.21	21.31	21.88
多孩及以上	人	135	132	36	36
比重	%	0.33	0.32	0.29	0.28
已婚育龄妇女人数	人	960 279	952 712	367 302	358 956
领取独生子女证人数	人	226 297	272 004	173 444	181 754

18－5　民政事业基本情况

指　标	单　位	2003 年	2004 年
一、民政事业费	万元	30 059	35 162
二、优扶对象人数	人	16 115	17 885
三、社会办敬老院	个	99	99
床位数	张	4 528	4 528
收养人数	人	2 996	2 886
四、社会办福利企业单位数	个	79	84
职工人数	人	2 307	2 809
# 残疾职工	人	1 591	1 782
利润总额	万元	580	789
捐赠物衣被折合现金	万元	24.8	26.2
五、民政部门国有福利工厂	个	6	1
职工人数	人	502	248
# 残疾职工	人	191	124
利润总额	万元	－1 556	－303.8
六、集体所有制福利工厂	个	79	84
职工人数	人	2 307	2 809
# 残疾职工	人	1 591	1 782
利润总额	万元	580	789
七、城镇社区服务设施数(含便民利民网点)	个	714	1 178
其中:便民利民服务网点	个	460	464

注:此表数据来源于昆明市民政局。

18－6　全市各级普通学校基本情况

（2004 年）　　单位：人

学校类别	学校数（所）	毕业生数	招生数	在校学生数	# 女	# 少数民族	毕业班学生数	教职工数 合计	其中:专任教师
一、普通中学	280	79 021	89 419	255 417	125 701	39 615	81 491	20 159	16 517
高中	81	16 296	24 403	63 732	32 840	9 727	19 142		4 292
初中	199	62 725	65 016	191 685	92 861	29 888	62 349		12 225
二、职业中学	32	5 440	6 166	17 227	8 379	2 623	6 010	1 728	1 282
三、普通小学	1 526	66 092	80 858	458 492	219 265	68 677	68 171	24 397	22 506
四、幼儿园	445	78 932	88 956	134 709	63 302	14 745	75 692	7 926	4 767

18－7　昆明市教育统计监测

（2004 年）　　单位:%

	学龄儿童入学率	小学毕业生升学率
合计	96.8	98.39
五华区	99.36	102.3
盘龙区	99.8	118.56
西山区	99.93	100
官渡区	92.5	88.53
东川区	99.51	98.11
呈贡县	94.66	98.44
晋宁县	91.1	98.49
安宁市	99.57	95.12
富民县	96.48	100.6
宜良县	96.63	96.72
石林县	95.6	100.74
嵩明县	96.11	99.9
禄劝县	93.39	95.21
寻甸县	97.29	95.01

18－8 分县（市）区小学基本情况

（2004年）

	学校数（所）	班数（个）	毕业生数（人）	招生数（人）	在校学生数		毕业班学生数（人）	教职工数（人）	专任教师数		校舍建筑面积（平方米）
					合计（人）	其中:女			合计（人）	其中:达到学历规定的教师	
全市合计	**1 526**	**12 961**	**66 092**	**80 858**	**458 492**	**219 265**	**68 171**	**24 397**	**22 506**	**21 889**	**2 488 178**
市区小计	463	4 771	23 356	33 942	188 837	89 455	27 334	10 253	9 352	9 177	906 444
五华区	60	973	5 791	8 526	45 468	21 824	6 435	2 254	2 072	2 058	228 180
盘龙区	48	670	3 907	5 139	29 906	1 4390	4 526	1 399	1 322	1 302	129 475
西山区	114	1 201	4 150	9 527	49 203	23 344	6 592	2 707	2 372	2 330	256 758
官渡区	92	959	5 486	6 028	36 609	17 301	5 780	2 142	1 912	1 875	178 875
东川区	149	968	4 022	4 722	27 651	12 596	4 001	1 751	1 674	1 612	113 156
县市小计	1 063	8 190	42 736	46 916	269 655	129 810	40 837	14 144	13 154	12 712	1 581 734
呈贡县	41	436	2 178	2 609	15 686	7 486	2 380	874	827	820	82 389
晋宁县	78	685	4 900	3 716	23 672	11 661	3 639	1 271	1 194	1 179	116 474
安宁市	82	699	2 990	4 520	23 246	11 417	3 329	1 442	1 313	1 297	143 633
富民县	54	385	1 675	2 019	12 260	6 030	2 007	854	785	777	73 013
宜良县	134	1 141	4 760	6 611	36 965	18 281	5 239	1 843	1 692	1 663	239 224
石林县	120	757	3 799	4 047	23 185	11 273	3 545	1 425	1 357	1 300	178 120
嵩明县	107	940	5 262	5 690	31 228	15 209	4 427	1 658	1 493	1 470	226 348
禄劝县	265	1 404	8 243	7 237	44 556	20 634	7 257	2 260	2 194	2 037	248 111
寻甸县	182	1 743	8 929	10 467	58 857	27 819	9 014	2 517	2 299	2 169	274 422

18－9　文化事业基本情况（市属）

指　标	单位	2004 年
艺术研究机构	个	2
国家文物保护单位	个	7
省级文物保护单位	个	49
广播电台	个	2
电视台(含有线电视台)	个	2
剧团	个	12
群众艺术馆、文化馆	个	15
文化站	个	168
图书馆	个	16
博物馆、展览馆	个	4
剧场演出场次	场	551
国内艺术表演场次	场	689
#农村	场	197
国内艺术表演观众	万人次	161
国外演出场次	场	22
公共图书馆藏书	千册	2 589

18－10　分县（市）区普

（2004 年）

	学校数(所)		班数(个)		毕业生数(人)		在校学生数(人)			
							合计		其中:女	
	初中	高中	初中	高中	初中	高中	初中	高中	初中	高中
全市合计	**199**	**81**	**3 837**	**1 266**	**62 725**	**16 296**	**191 685**	**63 732**	**92 861**	**32 840**
市区小计	85	54	1 608	771	24 337	9 526	70 926	37 673	34 532	19 687
五华区	18	17	403	301	6 895	4 053	18 076	15 472	9 236	8 413
盘龙区	17	9	330	156	4 310	1 892	14 472	7 579	7 094	3 987
西山区	21	11	290	79	3 866	788	12 421	3 664	6 058	1 824
官渡区	15	14	381	185	6 597	2 031	15 657	8 307	7 470	4 172
东川区	14	3	204	50	2 669	762	10 300	2 651	4 674	1 291
县(市)小计	114	27	2 229	495	38 388	6 770	120 759	26 059	58 329	13 153
呈贡县	7	3	133	39	1 857	405	6 163	1 726	3 034	879
晋宁县	14	3	220	34	3 346	421	11 929	1 690	5 986	926
安宁市	9	4	207	48	2 787	622	9 077	2 232	44 38	1 164
富民县	8	1	115	18	1 650	145	5 087	846	2 435	422
宜良县	16	2	256	62	5 563	908	14 176	3 695	7 170	1 883
石林县	12	2	215	45	3 210	660	11 278	2 535	5 483	1 314
嵩明县	15	5	311	73	5 950	1 072	17 253	3 914	8 625	2 111
禄劝县	16	4	353	70	6 960	1 346	22 000	3 796	9 944	1 608
寻甸县	17	3	419	106	7 065	1 191	23 796	5 625	11 214	2 846

通中学基本情况

招生数(人)		毕业班学生数(人)		专任教师数(人)		学历达标率(%)		校舍建筑面积(平方米)
初中	高中	初中	高中	初中	高中	初中	高中	
65 016	**24 403**	**62 349**	**19 142**	**12 225**	**4 292**	**97.81**	**91.33**	**2 536 872**
23 498	14 265	23 410	11 367	5 221	2 579	98.61	91.10	1 246 148
5 924	6 063	6 526	4 438	1 278	1 042	98.51	94.82	417 424
4 632	2 809	5 167	2 307	1 011	469	99.60	96.59	226 285
4 150	1 257	3 748	1 271	896	246	98.10	92.28	198 631
4 857	3 233	5 459	2 435	1 297	642	98.61	88.47	299 348
3 935	903	2 510	916	739	180	98.24	83.33	104 460
41 518	10 138	38 939	7 775	7 004	1 713	97.39	90.19	1 290 724
2 144	627	1 999	489	490	119	97.55	100.00	109 376
4 826	642	3 594	526	715	140	96.36	87.86	113 758
2 844	807	2 803	724	731	153	97.40	95.42	138 714
1 685	363	1 565	181	389	64	98.97	84.38	56 455
4 604	1 509	4 736	967	854	229	97.31	88.65	197 633
3 827	927	3 757	829	636	164	98.11	89.63	162 804
5 257	1 510	5 927	1 159	901	273	97.34	92.31	174 632
7 848	1 516	7 152	1 319	1 059	243	98.21	93.00	146 056
8 483	2 237	7 406	1 581	1 229	328	95.28	80.49	191 296

18－11　体育运动情况(市属)

指　　标	单位	2004 年
一、体委工作人员数	人	575
#体委机关工作人员数	人	32
#体委系统教练	人	124
二、等级裁判员人数(市属)	人	159
#女	人	52
国家级	人	
三、等级运动员人数(市属)	人	178
#女	人	68
国际运动健将	人	
运动健将	人	
一级运动员	人	
二级运动员	人	178
四、获国际、国家体育比赛奖牌数量		
其中:国际级金牌	枚	
国际级银牌	枚	
国际级铜牌	枚	
国家级金牌	枚	9
国家级银牌	枚	1
国家级铜牌	枚	2
五、获省体育比赛奖牌数量		
金牌	枚	262
银牌	枚	196
铜牌	枚	150
六、县级以上运动竞赛次数	次	39
七、参加运动会人数	人	564 075

主要统计指标解释

卫生技术人员 指卫生事业机构支付工资的全部固定职工和合同制职工中现任职务为卫生技术工作的专业人员。包括中医师、西医师、中西医结合高级医师、护师、中药师、西药师、检验师、其它技工、其它中医、护理员、中药剂师、西药剂员、检验员、其它初级卫生技术人员。

普通高等学校 指按国家规定的审批程序批准举办，通过全国统一招生考试，招收高级中等学校毕业生和具有同等学历者，实施高等教育，培养高等专门人才的学校。包括大学、专门学院、专科学校和短期职业大学。

毕业生数 指上学年度内，具有学籍的学生学完教学计划规定的全部课程，考试及格，实际毕业的学生数。不包括结业生和肄业生数。

招生数 指新学年开始时，一年级实际招收入学的新生数。不包括留级生和复读学生数。

在校学生数 指学年初具有学籍的在校生总数。

学龄儿童入学率 指调查范围内已入小学学习的学龄儿童占校内外学龄儿童总数（包括弱智儿在内，但不包括盲聋哑儿童）的比重。

计算公式：

$$\text{学龄儿童入学率} = \frac{\text{已入学的小学学龄儿童数}}{\text{校内外学龄儿童总数}} \times 100\%$$

专任教师 指主要从事教学工作的人员。包括临时（一年以内）调去帮助做其他工作的教学人员。高等学校函授部、夜大学校的专任教师和承担科研任务，为担任教学工作仍属教师编制的人员，应计入专任教师中。专任教师不包括调离教学岗位，担任行政领导工作或其他工作的原教学人员。

平均每万人口学生数 指一个国家或一个地区各级各类学校学生数与同范围的年平均人口数（以万人为单位）之比。它反映一个国家或地区人民受教育的密度。计算公式为：

$$\text{平均每万人口学生数} = \frac{\text{学生数（人）}}{\text{年平均人口数（万人）}}$$

平均每一教师负担学生数 指各级各类学校年初在校学生数与专任教师数之比。它反映教师负担学生的教学工作量。计算公式为

$$\text{平均每一教师负担学生数} = \frac{\text{学年初在校学生数}}{\text{学年初专任教师数}}$$

文化事业机构 指从事专业文化工作和为专业文化工作服务的单独核算、独立建制的单位。不包括文化主管部门直属单位举办的其他行业和各部门的业余文化组织。

艺术表演团体 指从事戏曲、音乐、舞蹈、杂技等专业艺术表演，有独立帐户，实行单独核算的团体。不包括半工半艺、半农半艺的业余剧团。

电影放映单位 指具有放映机器设备、固定或不固定的放映场所与专职或兼职的放映技术人员，经有关部门登记批准，经常为一定的观众对象放映电影的机构。包括经批准对外开放进行营业，并与电影发行放映管理机构分帐的专用放映单位和军委系统租片单位。

艺术表演观众人数（人次） 指售票、包场演出或民族地区免费演出的艺术表演观众人次数。不包括彩排审查和内部观摩演出的观看人次数。

电影观众人数（人次） 指各类型放映单位及军委系统租片单位映出的观众人次数。一个观众连续看了一部长片和短片专场规定的短片，为二人次。

十九、基本单位和企业监测、企业集团情况

JIBENDANWEIHEQIYEJIANCE、QIYEJITUANQINGKUANG

19－1　昆明市重点企业建立现代企业制度跟踪监测主要指标（一）

单位：万元

指　标	企业数（个）	合　计	2004年资本金				
			国家	集体	法人	个人	外商
合计	**72**	**2 672 997**	**1 512 206**	**13 607**	**833 127**	**143 141**	**170 916**
按控股情况分							
国有绝对控股	44	2 344 160	1 483 825	2 199	676 957	65 921	115 258
国有相对控股	7	114 460	22 737	0	58 491	26 732	6 500
集体绝对控股	2	13 397	0	9 355	4 042	0	0
集体相对控股	1	24 503	5 644	0	12 500	6 359	0
其他	18	176 477	0	2 053	81 137	44 129	49 158
按主营行业分							
工业	46	1 770 213	852 923	13 607	624 473	108 294	170 916
采矿业	2	13 585	0	0	12 605	980	0
制造业	41	1 156 168	302 620	13 607	561 711	107 314	170 916
电力、燃气及水的生产和供应业	3	600 460	550 303	0	50 157	0	0
建筑业	8	156 122	134 810	0	5 076	16 236	0
交通运输、仓储和邮政业	3	67 485	60 937	0	1 536	5 012	0
信息传输、计算机服务和软件业	1	15 000	9 900	0	4 950	150	0
批发和零售业	5	29 311	15 694	0	12 867	750	0
金融业	2	178 651	11 000	0	167 651	0	0
房地产业	2	37 943	8 870	0	16 474	12 599	0
租赁和商务服务业	4	416 001	415 801	0	100	100	0
科学研究、技术服务和地质勘查业	1	2 271	2 271	0	0	0	0
按登记注册类型分							
国有企业	14	311 046	311 046	0	0	0	0
国有独资企业	6	1 008 288	1 008 288	0	0	0	0
其他有限责任公司	14	164 859	23 481	7 547	123 123	10 708	0
股份有限公司	27	713 019	166 262	0	408 995	131 262	6 500
中外合资企业	5	70 332	0	0	31 909	1 171	37 252
港澳台合资企业	2	389 385	0	0	269 100	0	120 285
其他	4	16 068	3 129	6 060	0	0	6 879
按企业规模分							
大型	32	1 788 081	1 103 716	1 286	449 637	104 805	128 637
中型	34	519 378	97 465	12 321	336 086	32 625	40 881
小型	3	16 313	0	0	9 744	5 171	1 398
其他	3	349 225	311 025	0	37 660	540	0
按三次产业分							
第二产业	54	1 926 335	987 733	13 607	629 549	124 530	170 916
第三产业	18	746 662	524 473	0	203 578	18 611	0
按重点企业类型分							
其中：国家重点企业	8	924 199	746 328	0	141 991	35 880	0
省级重点企业	50	2 474 938	1 461 736	12 321	743 700	93 144	164 037

昆明市重点企业建立现代企业制度跟踪监测主要指标（二）

单位：万元

指　标	年末资产		年末负债		年末股东权益		股本(实收资本)	
	2004年	2003年	2004年	2003年	2004年	2003年	2004年	2003年
合计	**11 627 522**	**10 521 238**	**6 265 083**	**5 693 877**	**5 362 439**	**4 827 361**	**2 865 106**	**2 751 877**
按控股情况分								
国有绝对控股	10 289 347	9 178 607	5 544 818	4 912 188	4 744 529	4 266 419	2 537 770	2 432 719
国有相对控股	430 879	515 056	224 117	321 209	206 762	193 847	114 460	114 460
集体绝对控股	72 377	76 174	26 052	36 223	46 325	39 951	13 397	8 934
集体相对控股	116 931	107 356	59 734	55 137	57 197	52 219	24 502	24 502
其他	717 988	644 045	410 362	369 120	307 626	274 925	174 977	171 262
按主营行业分								
工业	8 393 605	7 336 727	4 575 933	3 971 505	3 817 672	3 365 222	1 511 404	1 435 098
采矿业	88 999	62 137	47 044	29 330	41 955	32 807	13 585	13 585
制造业	6 011 788	4 988 834	3 098 481	2 528 056	2 913 307	2 460 778	906 944	830 638
电力、燃气及水的生产和供应业	2 292 818	2 285 756	1 430 408	1 414 119	862 410	871 637	590 875	590 875
建筑业	557 830	532 399	400 591	375 537	157 239	156 862	126 874	127 500
交通运输、仓储和邮政业	474 039	570 413	391 216	478 757	82 823	91 656	76 999	76 999
信息传输、计算机服务和软件业	29 876	28 794	13 094	129 89	16 782	15 805	15 000	15 000
批发和零售业	423 647	304 611	231 365	130 719	192 282	173 892	140 635	129 417
金融业	259 365	432 514	78 203	254 442	181 162	178 072	178 651	178 651
房地产业	197 931	173 327	147 109	131 114	50 822	42 213	37 942	37 942
租赁和商务服务业	1 287 071	1 138 079	424 745	335 362	862 326	802 717	775 514	749 183
科学研究、技术服务和地质勘查业	4 158	4 374	2 827	3 452	1 331	922	2 087	2 087
按登记注册类型分								
国有企业	2 303 549	2 172 439	994 466	1 021 469	1 309 083	1 150 970	264 833	266 022
国有独资企业	4 318 335	4 023 386	2 321 953	2 146 126	1 996 382	1 877 260	1 451 651	1 395 320
其他有限责任公司	513 833	582 905	296 978	405 291	216 855	177 614	164 859	139 396
股份有限公司	3 985 694	3 251 325	2 376 017	1 826 343	1 609 677	1 424 982	830 436	786 015
中外合资企业	161 458	136 617	44 170	37 758	117 288	98 859	92 017	92 017
港澳台合资企业	81 298	73 286	13 351	12 014	67 947	61 272	45 242	42 538
其他	263 355	281 280	218 148	244 876	45 207	36 404	16 068	30 569
按企业规模分								
大型	8 604 334	7 629 224	4 834 657	4 283 886	3 769 677	3 345 338	1 580 466	1 508 265
中型	1 862 153	1 718 608	1 049 843	975 314	812 310	743 294	599 262	580 625
小型	86 169	80 140	19 164	16 504	67 005	63 636	16 313	16 313
其他	1 074 866	1 093 266	361 419	418 173	713 447	675 093	669 065	646 674
按三次产业分								
第二产业	8 951 435	7 869 126	4 976 524	4 347 042	3 974 911	3 522 084	1 638 278	1 562 598
第三产业	2 676 087	2 652 112	1 288 559	1 346 835	1 387 528	1 305 277	1 226 828	1 189 279
按重点企业类型分								
其中：国家重点企业	6 260 831	5 466 936	3 424 240	2 961 519	2 836 591	2 505 417	997 453	967 453
省级重点企业	10 485 722	9 567 953	5 468 523	5 041 204	5 017 199	4 526 749	2 555 927	2 473 008

昆明市重点企业建立现代企业制度跟踪监测主要指标（三）

单位：万元

指标	营业收入		投资收益		利润总额	
	2004年	2003年	2004年	2003年	2004年	2003年
合计	**7 874 875**	**5 885 846**	**48 076**	**21 526**	**657 990**	**411 658**
按控股情况分						
国有绝对控股	7 067 294	5 211 569	51 780	38 074	605 570	393 860
国有相对控股	288 814	200 515	1 053	1 768	10 439	7 599
集体绝对控股	113 812	73 316	－4 817	－518	1 558	897
集体相对控股	49 038	31 002	－118	586	12 142	8 793
其他	355 917	369 444	178	－18 384	28 281	509
按主营行业分						
工业	6 202 988	4 506 885	19 802	9 203	571 077	350 536
采矿业	90 653	58 131	－616	－191	13 635	8 791
制造业	4 976 817	3 550 685	14 795	2 823	541 641	336 462
电力、燃气及水的生产和供应业	1 135 518	898 069	5 623	6 571	15 801	5 283
建筑业	242 486	290 730	0	－6	2 221	－3 035
交通运输、仓储和邮政业	351 300	269 409	846	20	9 370	－5 831
信息传输、计算机服务和软件业	4 130	2 762	0	3	357	－459
批发和零售业	902 566	675 494	70	82	36 665	36 348
金融业	24 844	15 973	10	1 574	5 240	6 352
房地产业	121 291	100 094	252	1 431	16 192	12 725
租赁和商务服务业	22 052	21 828	27 096	9 219	16 451	15 013
科学研究、技术服务和地质勘查业	3 218	2 671	0	0	417	9
按登记注册类型分						
国有企业	1 808 225	1 564 295	3 793	1 869	248 618	171 931
国有独资企业	1 576 679	1 195 377	32 711	19 250	57 804	32 562
其他有限责任公司	291 209	308 695	－663	1 133	11 697	20 479
股份有限公司	3 641 375	2 405 234	16 781	－66	304 322	166 876
中外合资企业	236 306	166 813	3	－19	26 164	12 085
港澳台合资企业	57 905	54 917	0	0	8 878	9 159
其他	263 176	190 515	－4 549	－641	507	－1 434
按企业规模分						
大型	6 150 125	4 538 062	29 671	31 144	572 194	351 968
中型	1 647 194	1 271 469	－5 568	－17 379	67 661	38 697
小型	63 936	59 950	1 149	35	9 629	8 901
其他	13 620	16 365	22 824	7 726	8 506	12 092
按三次产业分						
第二产业	6 445 474	4 797 615	19 802	9 197	573 298	347 501
第三产业	1 429 401	1 088 231	28 274	12 329	84 692	64 157
按重点企业类型分						
其中：国家重点企业	4 713 029	3 409 572	9 386	18 087	456 737	295 773
省级重点企业	6 611 472	4 855 352	49 420	38 937	618 986	406 733

昆明市重点企业建立现代企业制度跟踪监测主要指标（四）

单位：万元

指　标	年末从业人数(人)		研究开发人员(人)		从业人员劳动报酬		研发人员劳动报酬	
	2004年	2003年	2004年	2003年	2004年	2003年	2004年	2003年
合计	**125 392**	**128 064**	**2 131**	**2 364**	**287 420**	**249 605**	**6 673**	**6 651**
按控股情况分								
国有绝对控股	104 683	104 274	1 248	1 463	250 420	211 941	3 269	3 394
国有相对控股	6 383	6 691	696	674	14 537	14 397	2 761	2 610
集体绝对控股	1 804	2 469	0	0	3 594	4 033	0	0
集体相对控股	167	135	0	0	228	208	0	0
其他	12 355	14 495	187	227	18 641	19 026	643	647
按主营行业分								
工业	89 024	89 630	2 069	2 312	218 441	192 385	0	0
采矿业	4 622	4 335	99	75	9 100	5 878	6 575	6 574
制造业	72 577	72 621	1 970	2 237	159 406	141 259	243	97
电力、燃气及水的生产和供应业	11 825	12 674	0	0	49 935	45 248	6 332	6 477
建筑业	21 308	24 775	39	31	18 019	17 242	0	0
交通运输、仓储和邮政业	3 008	2 788	0	0	31 435	23 014	53	42
信息传输、计算机服务和软件业	91	105	0	0	220	212	0	0
批发和零售业	8 805	7 740	0	0	13 763	11 426	0	0
金融业	414	388	8	5	1 175	1 406	0	0
房地产业	1 483	1 528	0	0	2 328	2 158	0	0
租赁和商务服务业	813	662	0	0	1 158	1 098	0	0
科学研究、技术服务和地质勘查业	446	448	15	16	881	664	30	25
按登记注册类型分								
国有企业	27 157	28 289	216	250	54 263	44 057	583	751
国有独资企业	30 314	31 232	210	211	82 249	72 779	462	456
其他有限责任公司	12 925	14 772	160	198	20 376	19 438	302	293
股份有限公司	49 156	47 348	1 478	1 645	113 087	97 566	5 134	4 988
中外合资企业	1 481	1 426	39	34	3 843	3 572	105	96
港澳台合资企业	689	634	23	15	3 865	3 596	82	56
其他	3 670	4 363	5	11	9 737	8 597	5	11
按企业规模分								
大型	94 103	97 453	1 785	1 981	227 247	196 312	5 519	5 458
中型	29 987	29 385	208	250	56 276	49 304	594	634
小型	1 128	1 066	138	133	3 050	2 963	560	559
其他	174	160	0	0	847	1 026	0	0
按三次产业分								
第二产业	110 332	114 405	2 108	2 343	236 460	209 627	6 628	6 616
第三产业	15 060	13 659	23	21	50 960	39 978	45	35
按重点企业类型分								
其中：国家重点企业	55 134	54 929	773	1 019	135 975	118 373	2 035	2 417
省级重点企业	97 904	98 687	1 894	2 074	248 015	212 858	6 029	6 046

19－2　昆明市重点企业建立现代企业制度跟踪监测运行情况

（2004 年）

指　标	全市 72 个	指　标	全市 72 个
一、企业改制情况		企业已建立技术中心	36
已改制	54	#国家级认定	6
尚未改制	14	省级认定	15
原因:没有改制计划	3	技术中心人员经费完全满足需要	4
正在或准备实行改制	10	技术中心人员经费基本满足需要	27
准备实行非公司制	1	技术中心人员经费不满足需要	5
二、改制企业法人治理结构情况		**九、企业获新产品新技术途径**	
已成立股东会	43	自主开发	47
已成立董事会	54	委托开发	15
已成立监事会	47	与院校科研机构联合开发	35
已建立出资人制度	52	引进技术消化、吸收和创新	43
三、总经理产生方式		接受技术成果转让	23
主管部门任命	15	**十、企业分离富余职工主要去向**	
董事会聘任	43	内部消化	34
政府提名董事会聘任	2	提前退休	19
上级组织部门任命	9	失业	4
四、总经理年龄和文化程度		其他	21
40 岁及以下	17	**十一、企业办社会性服务机构分离情况**	
41—50 岁	34	全部分离	10
51 岁及以上	21	部分分离	7
博士	3	没有分离	10
硕士	24	**十二、推进改革的主要障碍**	
大学	31	社会保障制度不完善	35
大专	11	政府转变职能滞后	37
中专或高中	3	市场体系不健全	36
五、企业是否有奖惩制度		历史包袱沉重	24
能严格执行	67	产权不明确	18
很难严格执行	5	**十三、影响生产经营主要因素**	
六、企业质量管理情况		市场需求不足	21
通过 ISO9000 认证	45	负债过高、利息负担重	27
通过 ISO14000 认证	11	资金紧缺	37
七、劳动人事分配制度改革情况		人员过剩	11
实行劳动合同制度	71	管理机制不完善	30
实行全员竞争上岗制度	55	**十四、改制后的总体评价**	
管理人员实行公开竞聘	58	效果很好	14
能足额缴纳社会保险	67	效果较好	26
经营者年薪制	27	效果一般	12
企业经营者持有股权、股票制	10	尚未见效	2
岗位工资为主的工资制	64	**十五、未来发展前景预测**	
科技人员激励机制	39	很好	23
职工持股分配制	11	较好	36
八、企业技术创新情况		一般	13

19-3 昆明市主要企业集团财务指标(一)

单位:万元

指标	集团数(个)	年末资产		年末负债		年末股东权益	
		2004年	2003年	2004年	2003年	2004年	2003年
总计	**35**	**11 298 328**	**9 767 764**	**7 004 038**	**5 942 413**	**4 294 290**	**3 825 351**
按集团审批部门分							
国务院主管部门	2	317 348	308 509	233 010	221 551	84 338	86 958
省级人民政府	17	8 763 746	7 557 730	5 288 811	4 497 164	3 474 935	3 060 566
省级人民政府主管部门	7	1 433 984	1 179 554	966 726	779 377	467 258	400 177
其他	9	783 250	721 971	515 491	444 321	267 759	277 650
按母公司控股情况分							
国有及国有控股	24	9 175 034	8 036 793	5 721 802	4 959 224	3 453 232	3 077 569
国有绝对控股	23	9 057 478	7 966 055	5 658 663	4 940 162	3 398 815	3 025 893
国有相对控股	1	117 556	70 738	63 139	19 062	54 417	51 676
集体控股	2	653 832	533 495	373 454	273 039	280 378	260 456
集体绝对控股	1	512 399	401 637	313 720	217 902	198 679	183 735
集体相对控股	1	141 433	131 858	59 734	55 137	81 699	76 721
其他	9	1 469 462	1 197 476	908 782	710 150	560 680	487 326
按集团主营行业分							
农、林、牧、渔业	1	590 588	458 562	400 052	386 981	190 536	71 581
工业	21	8 649 169	7 230 624	5 290 992	4 259 103	3 358 177	2 971 521
采矿业	1	271 588	244 374	178 857	173 460	92 731	70 914
制造业	19	7 865 182	6 584 613	4 798 415	3 867 741	3 066 767	2 716 872
电力、燃气及水的生产和供应业	1	512 399	401 637	313 720	217 902	198 679	183 735
建筑业	2	847 101	858 303	638 691	662 570	208 410	195 733
交通运输、仓储和邮政业	1	241 420	248 133	35 898	41 387	205 522	206 746
批发和零售业	5	417 326	417 438	325 595	302 402	91 731	115 036
住宿和餐饮业	1	67 432	66 651	38 999	28 038	28 433	38 613
房地产业	2	290 632	283 960	196 181	185 319	94 451	98 641
其他	2	194 660	204 093	77 630	76 613	117 030	127 480
按母公司登记注册类型分							
国有企业	6	639 358	644 083	312 278	282 124	327 080	361 959
公司制企业	29	10 658 970	9 123 681	6 691 760	5 660 289	3 967 210	3 463 392
国有独资企业	11	6 462 537	5 651 066	4 182 383	3 648 933	2 280 154	2 002 133
其他有限责任公司	9	2 832 345	2 407 185	1 660 628	1 367 923	1 171 717	1 039 262
股份有限公司	8	1 214 889	913 328	712 302	513 251	502 587	400 077
港澳台合资企业	1	149 199	152 102	136 447	130 182	12 752	21 920
按三次产业分							
第一产业	1	590 588	458 562	400 052	386 981	190 536	71 581
第二产业	23	9 496 270	8 088 927	5 929 683	4 921 673	3 566 587	3 167 254
第三产业	11	1 211 470	1 220 275	674 303	633 759	537 167	586 516

昆明市主要企业集团财务指标(二)

单位:万元

指　标	股　本		营业收入		投资收益		利润总额	
	2004年	2003年	2004年	2003年	2004年	2003年	2004年	2003年
总计	**2 187 349**	**2 006 895**	**6 394 189**	**4 689 318**	**－4 824**	**24 279**	**386 765**	**195 341**
按集团审批部门分								
国务院主管部门	61 483	61 483	220 717	172 267	100	1263	10 568	10 619
省级人民政府	1 760 441	1 561 662	5 153 718	3 532 262	－6 669	12 055	341 205	120 998
省级人民政府主管部门	257 360	245 571	686 452	699 932	4 154	3 006	39 298	40 754
其他	108 065	138 179	333 302	284 857	－2 409	7 955	－4 306	22 970
按母公司控股情况分								
国有及国有控股	1 810 152	1 654 079	5 524 427	3 835 276	－16 204	15 510	298 466	110 900
国有绝对控股	1 796 152	1 640 079	5 397 989	3 772 075	－16 632	16 124	297 001	110 677
国有相对控股	14 000	14 000	126 438	63 201	428	－614	1 465	223
集体控股	155 424	137 103	151 863	145 075	5 440	2 333	26 826	20 975
集体绝对控股	106 386	106 386	122 939	128 717	5 430	2 328	23 460	17 946
集体相对控股	49 038	30 717	28 924	16 358	10	5	3 366	3 029
其他	221 773	215 713	717 899	708 967	5 940	6 436	61 473	63 466
按集团主营行业分								
农、林、牧、渔业	125 152	121 106	255 151	276 173	234	1 442	24 348	20 054
工业	1 477 138	1 413 195	4 871 276	3 250 685	910	21 489	371 201	154 168
采矿业	50 000	50 000	156 629	122 758	5	－118	7 221	－3 630
制造业	1 320 752	1 256 809	4 591 708	2 999 210	－4 525	19 279	340 520	139 852
电力、燃气及水的生产和供应业	106 386	106 386	122 939	128 717	5 430	2 328	23 460	17 946
建筑业	159 555	156 758	726 795	667 661	－1 107	－64	4 331	20 793
交通运输、仓储和邮政业	189 116	66 906	49 233	37 744	－220	－114	321	－10 121
批发和零售业	83 793	103 201	372 110	349 889	－5 012	1 132	－16 614	868
住宿和餐饮业	15 700	27 110	23 964	15 827	0	1	1 170	1 168
房地产业	80 137	61 816	46 877	56 313	25	131	－2 581	4 428
其他	56 758	56 803	48 783	35 026	346	262	4 589	3 983
按母公司登记注册类型分								
国有企业	229 622	125 051	272 673	205 492	－7 701	3 389	－12 663	－1 119
公司制企业	1 957 727	1 881 844	6 121 516	4 483 826	2 877	20 890	399 428	196 460
国有独资企业	1 277 320	1 259 318	4 274 310	2 968 579	6 306	9 486	242 295	85 299
其他有限责任公司	439 962	417 872	1 203 632	951 207	－6 136	7 715	113 062	60 765
股份有限公司	209 346	173 555	625 621	524 085	2 692	3 563	50 018	48 997
港澳台合资企业	31 099	31 099	17 953	39 955	15	126	－5 947	1 399
按三次产业分								
第一产业	125 152	121 106	255 151	276 173	234	1 442	24 348	20 054
第二产业	1 636 693	1 569 953	5 598 071	3 918 346	－197	21 425	375 532	174 961
第三产业	425 504	315 836	540 967	494 799	－4 861	1 412	－13 115	326

昆明市主要企业集团财务指标(三)

单位:万元

指　标	研究开发费		从业人员年末人数(人)		从业人员劳动报酬		劳动待业保险费	
	2004 年	2003 年	2004 年	2003 年	2004 年	2003 年	2004 年	2003 年
总计	**55 143**	**46 867**	**294 363**	**303 471**	**437 380**	**381 853**	**114 869**	**92 858**
按集团审批部门分								
国务院主管部门	11 528	9 262	6 424	6 446	18 375	16 373	6 525	4 931
省级人民政府	42 301	36 166	231 209	235 795	344 953	298 331	97 637	78 467
省级人民政府主管部门	771	781	40 976	45 411	51 001	45 476	8 257	6 480
其他	543	658	15 754	15 819	23 051	21 673	2 450	2 980
按母公司控股情况分								
国有及国有控股	52 308	45 074	253 568	264 622	381 753	331 828	113 401	90 041
国有绝对控股	50 879	43 769	252 264	263 316	376 403	325 812	113 266	89 911
国有相对控股	1 429	1 305	1 304	1 306	5 350	6 016	135	130
集体控股	0	0	1 783	2 488	4 375	3 688	198	233
集体绝对控股	0	0	1 616	2 353	4 147	3 480	198	233
集体相对控股	0	0	167	135	228	208	0	0
其他	2 835	1 793	39 012	36 361	51 252	46 337	1 270	2 584
按集团主营行业分								
农、林、牧、渔业	42	13	92 417	95 448	65 093	60 756	16 261	17 776
工业	54 146	46 177	140 832	138 155	285 409	241 941	82 227	57 196
采矿业	0	0	12 538	14 988	14 750	13 356	4 014	2 639
制造业	54 146	46 177	126 678	120 814	266 512	225 105	78 015	54 324
电力、燃气及水的生产和供应业	0	0	1 616	2 353	4 147	3 480	198	233
建筑业	952	677	46 914	55 400	56 834	54 712	10 096	12 155
交通运输、仓储和邮政业	0	0	2 564	2 121	11 764	7 239	1 431	1 208
批发和零售业	0	0	6 433	7 888	12 072	12 587	0	0
住宿和餐饮业	0	0	2 200	1 950	1 540	1 170	4 404	4 215
房地产业	0	0	739	816	1 717	1 480	0	0
其他	3	0	2 264	1 693	2 951	1 968	450	308
按母公司登记注册类型分								
国有企业	544	751	10 409	10 348	24 801	20 266	3 021	3 791
公司制企业	54 599	46 116	283 954	293 123	412 579	361 587	111 848	89 067
国有独资企业	36 218	30 747	206 369	216 597	285 436	251 297	93 591	74 058
其他有限责任公司	16 173	13 374	41 480	42 928	77 548	64 935	16 852	13 834
股份有限公司	2 208	1 995	35 533	32 917	48 106	44 083	1 405	1 175
港澳台合资企业	0	0	572	681	1 489	1 272	0	0
按三次产业分								
第一产业	42	13	92 417	95 448	65 093	60 756	16 261	17 776
第二产业	55 098	46 854	187 746	193 555	342 243	296 653	92 323	69 351
第三产业	3	0	14 200	14 468	30 044	24 444	6 285	5 731

19－4　昆明市主要企业集团成员企业主要业务指标

（2004 年）　　单位：万元

指　标	企业数（个）	年末资产	年末负债	营业收入	利润总额	年末从业人员（人）
总计	**438**	**14 533 278**	**7 898 267**	**7 311 520**	**642 365**	**295 525**
按企业集团主营行业分						
农、林、牧、渔业	44	543 927	365 733	230 649	24 736	90 691
采矿业	21	777 278	475 701	513 166	38 937	27 048
制造业	100	8 508 903	4 541 107	4 713 351	455 550	101 356
电力、燃气及水的生产和供应业	16	587 179	343 896	93 016	29 349	2 314
建筑业	20	587 130	452 344	649 288	4 820	44 204
交通运输、仓储和邮政业	14	639 148	220 453	66 621	1 689	3 543
信息传输、计算机服务和软件业	3	23 208	17 824	27 982	821	298
批发和零售业	122	771 804	477 840	630 362	－7 226	9 516
住宿和餐饮业	17	85 003	46 900	34 859	－1 186	4 301
金融业	5	62 668	34 383	26 042	－37	110
房地产业	28	638 341	409 471	183 132	27 230	1 052
其他	48	1 308 689	512 615	143 052	67 682	11 092
按母公司登记注册类型分						
国有企业	192	2 530 720	1 625 127	1 248 511	7 616	146 383
国有独资公司	23	2 386 735	825 450	683 763	144 531	12 750
其他有限责任公司	155	6 111 117	3 390 588	3 211 697	302 594	80 709
股份有限公司	36	3 121 319	1 803 189	1 984 246	188 231	47 986
中外合资企业	7	75 300	33 590	21 684	712	781
港澳台合资企业	9	197 672	147 701	60 944	2 111	1 556
其他	16	110 415	72 622	100 675	－3 430	5 360

19－5　昆明市主要企业集团监测运行情况

（2004年）

指　标	全市35个企业集团	指　标	全市35个企业集团
一、企业集团母公司体制		**九、企业集团有关配套政策落实情况**	
已建立	34	投资自主权	30
未建立	1	境外融资权	8
二、企业集团母公司出资人		对外担保权	19
已明确	35	自营产品进出口权	20
未明确	0	合并纳税权	9
三、企业集团母公司出资人主要权利		对外工程承包与劳务合作权	16
企业重大经营决策	32	外事审批权	4
选择企业经营者	32	**十、企业集团企业中上市公司**	
收取资产收益	26	有	9
四、企业集团母公司组织机构		无	26
已成立股东会	16	**十一、企业集团内部管理面临问题**	
已成立董事会	28	集团内部产权关系尚未理顺	9
已成立监事会	23	集团母子公司体制不健全	6
五、企业集团母公司总经理产生方式		缺乏对企业经营者的激励约束机制	8
董事会聘任	16	企业集团产权管理部门职能弱	2
上级行政部门直接任命	15	受上级行政管理部门干预较多	5
国有资产授权投资机构指派	1	其他	3
上级主管部门提名，董事会聘任	1	**十二、影响企业集团生产经营主要因素**	
六、企业集团母公司统一决策事项		资金短缺	17
集团发展战略	35	产品缺乏竞争力	6
重大投融资项目	34	企业债务沉重	11
涉外贸易和经济技术合作	25	上级行政部门干预	6
科研开发	19	地区间贸易壁垒	5
财务管理制度	27	科研开发能力弱	12
七、企业集团合并会计报表制度		技术设备陈旧	5
已执行	29	企业富余人员问题突出	15
未执行	6	**十三、企业集团未来发展前景预测**	
八、企业集团技术中心		很好	11
已建立	22	较好	21
未建立	13	一般	3

主要统计指标解释

企业 是指从事生产和经营活动，实行自主经营、独立核算和自负盈亏并具有法人资格的经济组织。

企业集团 是指以母子公司为主体，以产权联结为主要纽带，以集团章程为共同行为规范，通过投资和生产经营协作等多种方式，由众多的企事业单位共同组成的具有多层次结构和一定规模的经济联合体。企业集团本身不具有法人资格，它是由母公司、子公司、参股公司以及其他成员单位组建而成的多法人联合体。事业单位法人、社会团体法人也可成为企业集团成员。

控股情况 指按所有制性质和控股状况划分的企业情况，包括：

1．国有绝对控股：指在企业的全部资本中，国家资本（股本）所占比例大于50%的企业；

2．国有相对控股：指在企业的全部资本中，国家资本（股本）所占的比例虽未大于50%，但相对大于企业中的其他经济成分所占比例的企业；或者虽不大于其他经济成分，但根据协议规定，由国家拥有实际控制权的企业（协议控制）；

3．集体绝对控股：指在企业的全部资本中，集体资本（股本）所占比例大于50%的企业；

4．集体相对控股：指在企业的全部资本中，集体资本（股本）所占的比例虽未大于50%，但相对大于企业中的其他经济成分所占比例的企业；或者虽不大于其他经济成分，但根据协议规定，由集体拥有实际控制权的企业（协议控制）；

5．其他：指国有绝对控股、国有相对控股、集体绝对控股和集体相对控股以外的控股情况。

登记注册类型 是指在工商行政管理机关登记注册的具有法人资格的各类企业。其中：

1．国有企业：是指企业全部资产归国家所有，并按《中华人民共和国企业法人登记管理条例》规定登记注册的非公司制的经济组织。不包括有限责任公司中的国有独资公司。

2．国有独资企业：是指国家授权的投资机构或者国家授权的部门单独投资设立的有限责任公司。

3．其他有限责任公司：是指根据《中华人民共和国登记管理条例》规定登记注册，由两个以上，五十个以下的股东共同出资，每个股东以其所认缴的出资额对公司承担有限责任，公司以其全部资产对其债务承担责任的经济组织。其他有限责任公司不包括国有独资公司。

4．股份有限公司：是指根据《中华人民共和国登记管理条例》规定登记注册，其全部注册资本由等额股份构成并通过发行股票筹集资本，股东以其认购的股份对公司承担有限责任，公司以其全部资产对其债务承担责任的经济组织。

5．其它：指上述登记注册类型以外的其它登记注册类型。

集团成员企业 指企业集团的母公司、全资子公司、绝对控股子公司、相对控股子公司，不包括参股企业、协作企业和子公司的二级公司。但如果企业集团的子公司是一个纯粹管理型的公司，那么该子公司的二级控股子公司也应作为企业集团所属公司、企业进行统计。上述企业集团的各类子公司中应包括在中国境内和境外的子公司。

企业集团主管行业 指本企业集团生产经营活动的主要行业性质。企业集团往往从事多种生产经营活动，一般根据集团内获得营业收入份额最大的三项产品或活动确定其主要行业性质。

注册资本合计 指企业或企业集团各成员企业在工商行政管理部门登记注册资金的合计。包括国家资本、集体资本、法人资本、个人资本以及外商资本等。

资产总计 指企业或企业集团拥有或控制的全部资产，包括流动资产、长期投资、固定资产、无形资产、递延资产和其他资产等。

固定资产净值 指固定资金原价减去累计折旧后的金额。

累计对外投资 指截止报告期内本企业对本企业以外的投资之和，以及企业集团母公司和子公司对本集团以外的投资之和。

存货 指企业或企业集团在生产经营过程中为销售或者耗用而储存的各种资产。

流动资产平均余额 指企业或企业集团在报告期内全部流动资产的平均余额。计算公式为：流动资产年平均余额＝Σ（月初、月末流动资产余额）/24；

负债合计 指企业所承担的能以货币计量，将以资产或劳务偿付的债务。负债一般按偿还期的长短分为流动负债和长期负债。

流动负债 指企业或企业集团在一年内或超过一年的一个营业周期内需要偿还的债务，其中包括短期借款、应付票据、应付帐款、预收货款、应付工资、应付利润其他应付款、预提费用等。

股东（所有者）权益合计 指企业投资人对企业净资产的所有权，企业净资产等于企业全部资产减去负债合计后的余额，其中包括企业投资人对企业的最初投入以及资本公积金、盈余公积金和未分配利润。同时包括企业集团合并资产负债表中单独列示的少数股东权益。

股本（实收资本） 指公司制企业以发行股票的方式筹集的资本。非公司制企业指实际收到的投资人投入的资本。

营业收入 指企业或企业集团主营业务收入与其他业务收入之和。

主营业务收入 指企业或企业集团从事某种主要生产、经营活动所取得的营业收入。本项指标在各行业会计制度中的名称叫法不同，但一律按各行业会计制度或报表定义的口径进行填报。农业企业是指“主营业务收入”；工业企业是指“产品销售收入”；交通运输企业指“主营业务收入”；建筑企业指“工程结算收入”；批发零售贸易企业指“商品销售收入”；房地产企业指“房地产经营收入”；其他企业指“经营（营业）收入”。

出口额 指企业或企业集团直接向国外、境外出口的商品总额。

主营业务成本 指企业或企业集团从事某种主要生产、经营活动而发生的成本支出。

主营业务税金及附加 指企业因从事主要生产经营活动按税法规定缴纳的应从主营业务收入中抵扣的税金和附加，包括营业税、消费税、城市建设税、资源税、土地增值税和教育费附加等。

其他业务收入 指企业或企业集团除主营业务收入以外的其他销售或其他业务的收入。

存货跌价损失和营业、管理、财务等费用 存货跌价损失是指公司提取或转销的存货跌价损失；营业费用是指公司有销售商品和商业性公司在购入商品等过程中发生的费用；管理费用是指公司为组织和管理公司生产经营所发生的管理费用；财务费用是指公司为筹集生产经营所需资金等而发生的财务费用。

投资收益 指企业或企业集团以各种方式对外投资所取得的收益。

利润总额 指企业或企业集团实现的盈亏总额，反映企业或企业集团最终的财务成果。计算公式为：利润总额 = 营业利润 + 补贴收入 + 投资收益 + 营业外收入 − 营业外支出。

固定资产投资完成额 指企业或企业集团在年度内建造和购置固定资产及有关费用的支出合计。包括：1．建筑工程投资；2．安装工程投资；3．设备工器具购置；4．应分摊计入固定资产的费用等。

研究开发费用 指企业或企业集团用于研究与发展活动（基础研究、应用研究、实验发展）的全部实际支出。包括用于研究与发展课题活动的直接支出，还包括间接用于研究与发展活动的一切支出（院、所管理费，维持院、所正常运转的必需费用和研究发展有关的基础建设支出）。

从业人员 指在企业或企业集团包括母公司和子公司（下同）工作并领取工资或其他形式的劳动报酬的全部人员数，包括在岗职工、再就业的离退休人员以及在企业中工作的外方人员和港澳台方人员。兼职人员、借用的外单位人员和第二职业者。不包括离开本企业仍保留劳动关系的职工。

在岗职工 指在本企业或企业集团工作并由企业或企业集团支付工资的人员，以及有工作岗位，但由于学习、病伤、产假等原因暂未工作，仍由企业或企业集团支付工资的人员。

从业人员劳动报酬 指企业或企业集团直接支付给本企业集团全部从业人员的劳动报酬总额。包括本企业或企业集团在岗职工工资总额和其他从业人员劳动报酬两部分。

2004年昆明统计工作

【第一次全国经济普查】 2004年开始进行的第一次全国经济普查是一次重大的国情国力调查，也是融工业、建筑业、第三产业以及基本单位普查等内容于一体的一项综合性调查。根据国务院的规定，普查的标准时间是2004年12月31日，到2004年年底之前，是普查工作的准备阶段。在市政府的领导下，经过各级、各部门的共同努力，昆明市第一次全国经济普查的各项准备工作取得阶段性成果，做好了进入实战登记阶段的准备。一是各级各部门抓紧完成普查机构的组建，建立了“地方分级负责，部门分工协作”的工作机制，形成了全市统一组织实施，地方政府分级负责，有关部门分工协作和各方共同参与的良好工作格局。普查经费绝大部分得以落实，普查机构人员全部到位。二是利用电视、报刊、广告牌等主要媒体和社区宣传等形式做了大量的经济普查宣传工作，宣传效果已逐步显现。三是组织完成普查试点，并结合试点经验，制定了昆明市经济普查实施方案和实施细则。四是组织了全市三万普查人员的业务培训，并针对市区新区划调整对本次普查的影响，组织四个城区的经普办做了相互协调和资料调整等大量的普查准备工作。五是圆满完成普查对象单位的清查摸底及个体户的清查暨普查工作，为普查登记打下了坚实的基础。

【区域统计】 2004年，昆明市统计局进一步加大了对区域统计工作的指导和监督力度，下发了《区域统计工作考核评比办法》，从区域统计组织机构、新增人员、工作经费的落实情况、区域统计开展情况、区域统计工作完成情况及工作质量等方面对县（市）区统计局进行考核。为适应区域统计的要求，五华、盘龙、西山、官渡四个区统计局按规定招考和选调了公务员，解决统计任务与统计力量不相适应的矛盾，保证了各专业报表工作的顺利完成。

针对新区划调整对我市尤其是四个区统计工作提出的新要求，市统计局下发了《昆明市统计局关于五华、盘龙、官渡、西山行政区划调整的统计工作实施意见》，四个区根据《实施意见》的要求，分别成立了交接组，以“真实可靠、不重不漏”为原则，全力做好统计工作的衔接和四区之间统计资料的交接工作，确保统计数据及时、准确反映出区划调整后的区域经济全貌。同时，为做好新区划的农村综合统计和农村住户调查工作，市统计局下发了《关于五华、盘龙两区统计局尽快设置农村综合统计农村住户调查专业的通知》，督促两区统计局设置专业、配备人员，以确保两区统计工作有条不紊的过渡和开展。

【新的工农业发展速度计算方法】 2004年，新的工业发展速度计算方法正式实施。市统计局严格按照方案的规定贯彻执行，在实施过程中与完善现行工业报表制度和指标体系相结合，进一步总结试算经验，对新工业发展速度计算方法进行补充、调整和完善。并定期召开发展速度评估会，保证实行新的计算方法能准确反映我市工业发展的变化情况。努力做到新旧发展速度计算方法的平稳过渡。

为试行新的农业发展速度计算方法，市统计局成立了新农业发展速度核算领导小组及办公室具体负责此项工作。4月下旬在官渡区和呈贡县用新方法对农业发展速度进行了试算。8月9日—14日，召开了新农业发展速度试算培训会议，试算工作在全市展开。2004年年报实行了新农业发展速度计算方法。目前，此项工作正有条不紊地进行。

【文化产业统计试点】 根据云南省人民政府办公厅云政发（2004）85号《关于印发〈开展文化产业统计工作的意见〉的通知》精神，文化产业统计将作为我省一项重要的地方部门统计制度实施。我市是全省文化产业统计试点工作同步进行的地区之一。为推动昆明市文化产业的发展，做好昆明市文化产业试点工作的资料收集、整理、核算、分析等工作，市统计局成立了“昆明市文化产业统计领导小组”，下设办公室。领导小组办公室结合昆明市的实际情况，制定了《昆明市统计局实施文化产业统计报表制度工作方案》。相关专业处室根据《工作方案》结合专业实际开展工作和具体实施。7月，召开了文化产业相关企业单位的布置工作会议，向企业单位下发了报表、制度、方案。10月底完成了试点调查，12月底召开了数据评估会，圆满完成了文化产业统计试点工作。

【投入产出调查】 投入产出调查工作于2003年启动，经过各级工作人员历时两年的辛勤努力，已圆满完成填表、数据处理、编表等阶段工作，成功编制出《昆明市2002年投入产出表》。此次调查采用了重点调查、典型调查和抽样调查等多种方法，调查数据真实可靠，研究方法科学合理。编制的《投入产出表》类型全、质量高，既可从投入和产出两个方向对比研究，又可满足各个层次的不同需求，扩大了投入产出表的应用范围，增强了其使用价值。

【城市住户调查】 城市住户调查在经过了2003年一次性调查后，2004年，开展新样本的调查。目前，昆明市64%的县（市）区开展了城市住户调查，调查规模990户，已超过云南省城调队2000年前的调查规模（950户），城市住户调查工作上了一个新的台阶。

【统计服务】 2004年围绕市委、市政府的中心工作和昆明市经济社会的协调发展做了以下服务工作：一是进一步强化了统计分析和对宏观经济运行情况的监测预警工作。市统计局根据宏观调控的需要，及时发布进度统计信息和预警监测报告，为各级领导提供了大量的决策参考依据。编制了《工业经济运行通报》、《昆明市国民经济主要指标》《昆明统计年鉴》、《全国 27 个省会城市资料汇编》、《月度居民收支情况和物价指标》、《物价监测情况及主要品种涨跌幅度情况》、《工业产品价格》、《房地产销售价格》等资料；完成妇女儿童“两纲”监测报告、农村贫困监测报告、重点企业建立现代企业制度跟踪监测统计年报以及新增就业岗位数据的测算等，快速反映、监测经济发展态势和社会发展情况。二是围绕社会经济发展中的重大问题，开展各种专项调查并进行深入分析。关注“三农”问题，对农村龙头企业的发展、禽流感疫情、畜牧业发展、花卉产业、粮食作物受灾及增加农民收入等情况进行调查研究。并先后完成了外来务工基本情况调查、新兴生物资源调查、部分物业公司和中介公司调查、投资项目专项调查、连锁企业调查、旅馆业调查、旅游业调查、“春节”、“五一”黄金周调查、房地产开发投资状况跟踪调查、能源、原材料供应对企业生产经营情况影响调查、煤炭经济运行情况、限电对企业的影响情况、工业生产原材料产品价格上涨情况、汽车超载限制情况的专项调查、大型国有企业离退休教师待遇调查、社情民意调查、200 多个食品价格调查、昆明市治理超限超载调查等专项调查。撰写了一批有观点、有材料、有分析、有建议、针对性较强的专题报告，为各级领导准确把握经济发展的形势和走势、研究解决经济运行中的突出矛盾和问题，发挥了重要的参考与咨询作用。三是加快统计信息社会化改革步伐，进一步规范统计为社会公众服务的职能，健全新闻发言人制度，每季度召开新闻发布会，面向社会公众发布经济社会发展情况，扩大了统计的社会影响。

【统计科研】 2004年，市统计局在实践的过程中积极进行了理论的研究和探索。配合市委、市政府及有关部门部门开展《工业强市产业发展纲要》的编写、《昆明市企业退休人员养老、医疗保险现状及对策》的研究；完成《2003 年昆明市高新技术企业科技统计》、《昆明市城郊现代农业发展问题研究》、《农业投入绩效问题研究》、《昆明市连锁企业发展状况、问题及建议》等课题。旅游业满意度调查课题报告《提质增效促发展，打造旅游精品牌》获得社科联学术报告三等奖，《昆明市工业经济势力对比研究》课题获 2003 年昆明市社科二等奖，《昆明市劳动工资统计抽样调查实施方案》荣获中国统计学会、全国统计科学研究成果评选奖励委员会组织的“泰钢杯”全国优秀统计论文三等奖，《昆明市科技综合统计指标体系》荣获昆明市第六届社会科学优秀成果三等奖。

【统计便民服务】 市统计局在昆明市人民政府便民服务中心设立的窗口主要开展统计单位注册登记工作。窗口以执政为民、服务为民为宗旨，本着方便、快捷、热情、高效的原则，积极为社会各界服务。2004 年，共办理年审4 016件，统计单位注册登记 401 件，统计单位注销 631 件，统计单位变更 777 件。

【统计法制建设】 昆明市统计局坚持依法统计，认真落实行政执法责任制，结合统计“四五”普法工作，采取各种形式开展了内容丰富的《统计法》普法工作。以配合全国人大统计执法检查工作为契机，加大了全市统计执法力度，查处各类统计违法案件 30 余起，罚款 4 万余元，经教育责令改正 200 余起，维护了《统计法》的权威。同时，不断夯实统计法制基础，积极开展统计立法工作，《昆明市统计管理办法》的起草工作已结束，进入了报批阶段。完成了《昆明市统计信息咨询管理办法》草案的起草工作。

【统计信息化建设】 按照昆明市2004年信息化建设总体方案安排，昆明市统计局负责建设宏观经济数据采集系统并与市信息产业办联合建设昆明市宏观经济数据库。2004 年，此项工作已正式启动，市统计局已初步完成数据采集系统的方案制定、软件需求及招投标工作。

【统计培训】 2004年，全市共有2 714人报名参加上岗考试，838 人参加统计岗位资格换证考试，152 人参加统计职称考试，基层统计人员的业务素质不断提高。